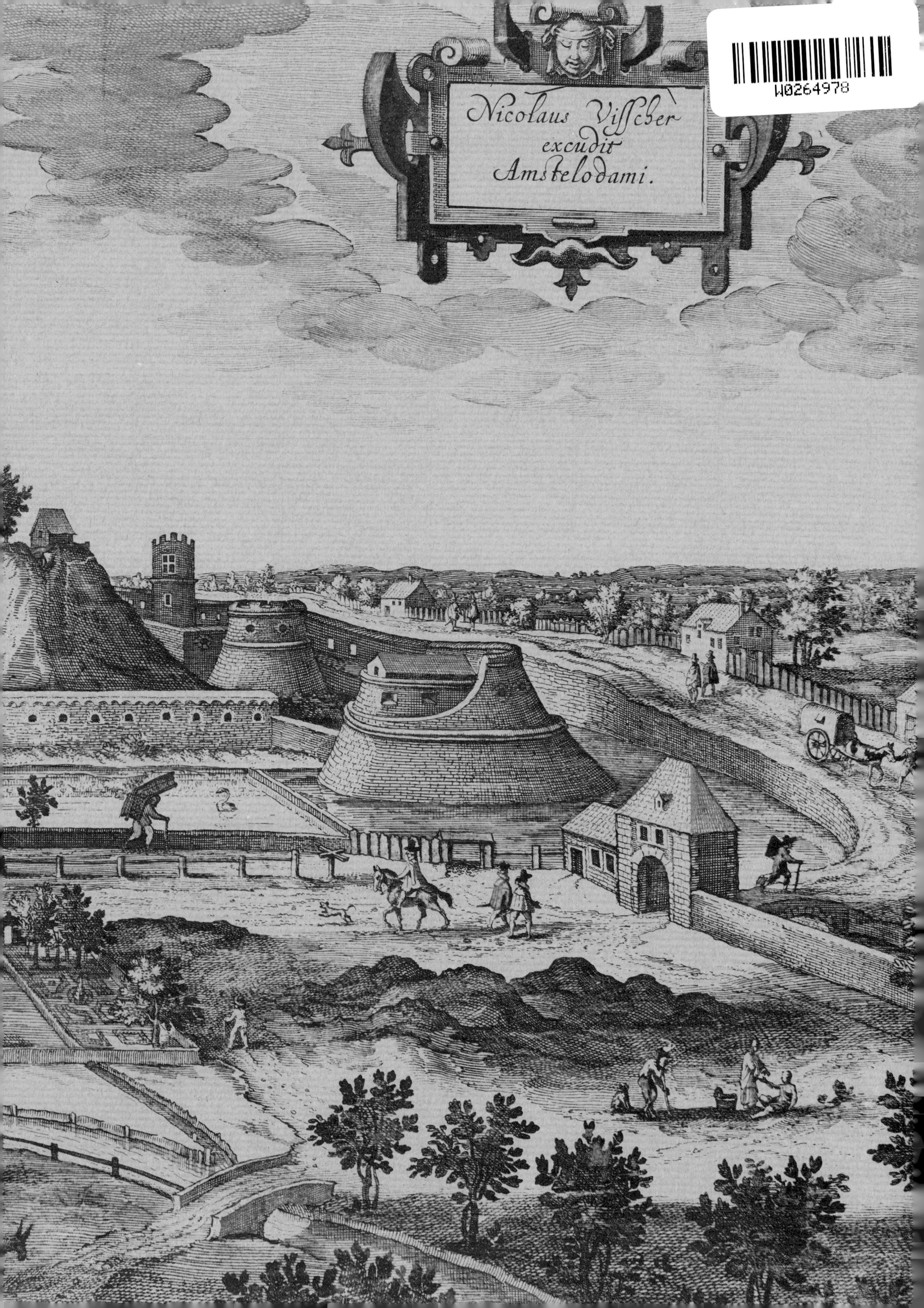
Nicolaus Visscher
excudit
Amstelodami.

AUGUSTA VINDELICORUM
Augsburg · Begegnung mit einer zweitausendjährigen Stadt

Norbert Lieb · Doris Lieb · Götz Freiherr von Pölnitz

AVGVSTA VINDELICORVM

Augsburg · Begegnung mit einer zweitausendjährigen Stadt

VERLAG JOSEF HANNESSCHLÄGER AUGSBURG

Graphische Gestaltung: Hans Säugling und Werner Hasenstab
Gedruckt bei multi-druck Augsburg
ISBN 3-920418-11-5

3
19
20

Norbert Lieb *AUGSBURGS WERDEN UND WIRKEN*

Um den Namen Augsburg liegt der Ruhm des Alt-Ehrwürdigen. Dieser regsamen und schönen Stadt ist in den Kriegskatastrophen von 1944/45 das Schicksal doch einigermaßen gnädig gewesen. Noch ist ihr Wesentliches der kulturbestimmten architektonischen Gestalt gewahrt geblieben, ist Wesentliches gerettet, wiederhergestellt und neubelebt worden.

Augsburg ist eine alte Stadt, eine der ältesten Deutschlands. In grauer Vorzeit liegt ihre Gründung durch die Römer. Als Gründungsjahr wird 11 v. Christus angegeben. So ist diese Stadt bald zwei Jahrtausende alt, fast zwölf Jahrhunderte älter als ihre Nachbarin und Nebenbuhlerin München.

Was alles umspannt doch dieser Bogen zweier Jahrtausende: von der Zeit des Römerkaisers Augustus bis zu den Tagen der Erfindung des Diesel-Motors! Jahrhundertelang war Augsburg im antiken Römischen Reich Verwaltungshauptsitz einer das Land vom Neckar bis zum Inn umfassenden Provinz. Wenn auch Bauzeugnisse aus der Römerzeit hier weniger deutlich sichtbar geblieben sind als in Regensburg oder Trier, so stammen doch aus der Mitgift der römischen Gründung bis heute der Name der Stadt, „Augustus-Burg", und der Pinienzapfen im Wappen; die Verkehrsbedeutung, die von der Führung einer Fernstraße des Römischen Reichs getragene Hauptstraße der Altstadt und überhaupt Augsburgs zivilisatorischer Rang. Im Boden der Römerstadt hat früh das Christentum Wurzel geschlagen: Im Jahre 304 ist hier die christliche Blutzeugin St. Afra gestorben. Dann wird in den Bewegungen der Völkerwanderung Augsburg zum ersten Vorort des Schwabenstamms. Einer seiner größten Söhne hat im 10. Jahrhundert den Augsburger Bischofsstuhl inne: St. Ulrich. Sein Name ist unlöslich verbunden mit einer europäischen Schicksalwende, dem Sieg über die Ungarn auf dem Lechfeld, 955. Aus und neben der Bischofsstadt und gegen die weltliche Gewalt des Bischofs entwickelt sich die auf Handwerk und Handel gegründete Bürgersiedlung. 1156 erhält sie unter Friedrich Barbarossa das erste Stadtrecht. Durch die große Rechtsverleihung von 1276 wird Augsburg Reichsstadt: d. h. ein selbständiger Stadtstaat mit allen staatsbezeichnenden Hoheitsrechten. Die Erinnerung an die Rolle der Stadt im altrömischen Reich geht zwiespaltlos über in das Bewußtsein der Zugehörigkeit zum Heiligen Römischen Reich Deutscher Nation. Die Lage am Handelswege zwischen Oberdeutschland und Italien stärkt Augsburgs Bedeutung.

Die Reichsstadt ersteigt ihren Gipfel in der Wende vom Mittelalter zur Neuzeit, in der Epoche Kaiser Maximilians und Karls V., der Fugger und Welser. Die Großstadt wird Tagungsort bedeutsamer Reichstage und geht so in die Geschichte ein: mit dem Verhör Luthers 1518, mit der Verkündigung des „Augsburger Bekenntnisses" 1530, dem „Augsburger Interim" von 1548, dem „Augsburger Religionsfrieden" von 1555. Nach dem Unglück des Dreißigjährigen Kriegs gewinnt diese Stadt eine neue Blüte im 17. und 18. Jahrhundert. 1806 aber setzt Napoleons Diktat der Reichsstadt ein Ende, Augsburg wird Provinzstadt des neuen Staates Bayern. Doch nochmals wendet die Kraft der alten Stadt sich zu neuer Tat: auf dem Gebiet der Industrie.

Römerstadt — frühmittelalterliche Bischofsstadt — bürgerliche Reichsstadt — Industriestadt: Das also sind die vier Daseinsformen in der Entwicklung Augsburgs. Lebendig konnte und kann man sie auch heute noch in gebauter Gestaltung gewahren. Am Fronhof etwa blikken wir über die Fundamentgeschichte („Geschichte" aus Stein) römischer, frühchristlicher und frühmittelalterlicher Anlagen zum Dom mit seiner ehernen Tür hinauf zu seinen Türmen. Die Jahrhunderte von der Romanik bis zur Spätgotik durchmißt der Blick durch die Längsachse des Doms, vom herben Westchor

Gottfried Eichler del — Lebens Art der Vindelicier. — Ioh. Gottfried Thelott Sculps

bis zum feierlichen Gezelt des östlichen Hochchors und quer durch die fünf Langhausschiffe. Über der ehemaligen Fürstbischöflichen Residenz des Rokokos wacht noch der spätmittelalterliche Pfalzturm. In einem „kleinen Stüble hoch oben auf der Pfalz“ hat hier Dürer im Sommer 1518 das Bildnis des alten Kaisers Maximilian, des „letzten Ritters“, gezeichnet. Im Saal daneben ist im Sommer 1530 vor Kaiser Karl V. die „Confessio Augustana“ verlesen worden. Vom Balkon der Residenz aus hat im Frühjahr 1782 Papst Pius VI. den Segen gespendet — welcher Bezirk geschichtlicher Erinnerungen! Am Perlach in der Mitte der Stadt errichtet man 1589 den Augustusbrunnen: als Denkmal zum 1600jährigen Gedächtnis der Gründung der Stadt. Auf dem Pfeiler des Brunnens steht der Römerkaiser. Er breitet seinen Arm gebietend und segnend über den Weg der Menschen. Das dem Augustus gegenüber stehende Rathaus, das vollendetste weltliche Bauwerk deutscher Renaissance, das großartigste alte Rathaus nördlich der Alpen, ist zusammen mit dem Perlachturm nichts Geringeres als eine architektonische Darstellung der Macht, des Stolzes und Reichtums der Stadt, eine Repräsentation ihrer stadtstaatlichen Verfassung, ein gebauter Aufruf der besten Bürgertugenden. In der Jakober-Vorstadt zeigt immer noch, ja gesteigert, die Fuggerei die alte Kraft sozialer Rechtschaffenheit. Zwischen den Bildwänden des Weberhauses und dem steilen St.-Moritz-Chor, vor Giebelreihen im Wegkreuz über springendem Wasser, bewegt sich die geschmeidige Erzfigur des altrömischen Handels- und Verkehrsgottes Merkur. In abseitiger Stille erwarten uns die Zeughausfassade, die Fuggerkapelle bei St. Anna, die Künstlerhäuser der Burgkmair und Mozart, die Erinnerungen an das Vaterheim der Holbein. Zwischen stattlichen Hausfassaden zieht die breite Maximilianstraße, vom Herkulesbrunnen und dem Palais belebt, nach St. Ulrich hinauf. In den Gemächern um den „Damenhof“ des Fugger-

Hauses hat zweimal Karl V. gewohnt; hier hat Tizian die berühmten Porträts des Kaisers gemalt. Das Maximilianmuseum bewahrt Schild, Kronenhelm und Schwert des großen Habsburgers.

Das Mittelschiff des Ulrichsmünsters hat sein Ziel im Akkord dreier riesiger Schnitzaltäre, die man 1604 errichtet hat: zum 1300jährigen Gedenken des Todes der hl. Afra — wieder ein Zeugnis für die Frucht geschichtlicher Erinnerungsfähigkeit.

In dieser Stadt hat man Selbstbewußtsein, Macht und Wohlstand stets am besten auf Werke der Kunst und Kultur gewendet: in der bischöflichen Stadt des frühen und hohen Mittelalters wie in der bürgerlichen Reichsstadt, in den Zeiten von Spätgotik und Renaissance, Barock und Rokoko wirksam in einer Fülle vielgliedriger, aufgeweckter Auftraggeber.

Schon im ersten Jahrhundert unserer Zeitrechnung hat der römische Geschichtsschreiber Tacitus Augsburg als „splendidissima", als überaus glanzvoll gerühmt — welche andere deutsche Stadt kann ein solches Ruhmeswort auf der Titelseite ihres Lebensstammbuches aufweisen? Seit der Spätgotik ist „Augsburger Pracht" geradezu sprichwörtlich. Italienische und französische Reisende haben den Glanz Augsburgs gepriesen. Der Abenteurer Casanova hat Augsburg als die freieste Stadt Europas nächst Paris bezeichnet.

Doch über äußerem Glanz soll man nie den Kern kultureller Frucht vergessen. Zu den Grundlagen der alten Größe Augsburgs gehören

G. Eichler del — B. Hübner. Sculps.

Einführung der Röm. Colonie.

die guten Eigenschaften und Kräfte seines Stadtvolks. Die römische Gründung wurde nach der Völkerwanderung von Fleiß, Organisationsfähigkeit, Wagemut und Weitblick des Schwabenstamms neu belebt. Davon zeugen die großzügige Hauptstraße, die Kunst des spätgotischen Münsterbaumeisters Burkhard Engelberg bei St. Ulrich, die Anlage der Fuggerei, das Schaffen des Stadtwerkmeisters Elias Holl, die Wassertürme am Roten Tor, die Schöpfungen der Freskomaler und Stukkatoren des Augsburger Barocks und Rokokos. Bestes Organisationstalent beweisen die Lebensäußerungen der alten Handwerke (der Weberei voran) und ihrer zünftischen Verfassung, die großen Handelsgesellschaften des ausgehenden Mittelalters (an ihrer Spitze die Fugger), die Tätigkeit der Handels- und Bankherrn des Rokokos, nicht minder die besonnene Konstruktion der konfessionellen Parität wie die Wirksamkeit der reichsstädtischen Kunstakademie des 18. Jahrhunderts. Fleiß und Organisation bewährt sich in Werk und Vertrieb der Goldschmiede, der Buchdrucker, Illustratoren und Verleger, der Orgelbauer und Kupferstecher Augsburgs, deren Werke in unglaublicher Ausbreitung in ganz Europa exportiert wurden, die überall als Bestes galten und heute noch gelten. Fleiß und Organisationsgabe fand nach dem Zusammenbruch der Reichsstadt ungesäumt neue Wege in die Industrie, zumal zur Textilindustrie.

Eine besondere Seite des Begabung dieser Stadt liegt auf dem Gebiete der Metallbearbeitung. Das „Römermuseum" in der Dominikanerkirche bewahrt den einmaligen Fund einer großen Werkstätten- und Geräteausstattung eines am Oberhausener Wertachufer gelegenen frührömischen Militärlagers. Gleichfalls in der Wertach wurde ein römischer Pferdekopf gefunden, der Rest eines antiken Reiterdenkmals aus Bronze.

Aus Gräberfeldern der frühschwäbischen Zeit stammen vorzügliche Werke des Schmiedehand-

Kaiser Ottens Sieg über die Hünen.

G. Eichler, del: Augsbürgische Confession. I. Gottfr: Thelott, Sc.

werks und der Edelmetallkunst an Waffen, Gerät und Schmuck. Der Dom besitzt mit den im 11. Jahrhundert entstandenen Bronzetürflügeln und im gotischen Grabmal des Bischofs Wolfhart von Rot vorzügliche Erzbildwerke.

In der Spätgotik und Renaissance folgen Gold- und Silberschmiede, Kunstschmiede und Kunstschlosser, Eisenätzer, Harnischmacher, Glokken-, Geschütz- und Erzplastikgießer und Uhrmacher. Um 1600 entstehen die Kunstbronzen der Brunnen, der Zeughausfront, des Kreuzaltars im Ulrichsmünster.

Barock und Rokoko bringen das breite und hochrangige Werk der Kupferstecher und Radierer, der Uhrmacher, der Meister mathematischer und astronomischer Instrumente und vor allem der zahllosen Gold- und Silberschmiede hervor. Im 19. Jahrhundert mündet diese Fähigkeit mit breitem Fluß in die neue Schaffensform der Maschinenfabrikation und Bronzeindustrie.

Alt, schicksalbeladen, kraftreich und immer noch und wieder regsam, das ist die Art dieser Stadt. Das gebaute Gefüge von Straßen und Plätzen, die gestufte Ordnung großer Bauten und Raumbereiche und die mancherlei Werke bildender Kunst legen vom vergangenen Leben Zeugnis ab, sie sollten dem gegenwärtigen und dem zukünftigen Leben dieser Stadt Halt, Erhebung, Mut und Stolz geben.

ihren für Kenner interessanten Plastiken der sogenannten „Nachgotik“ um 1570.
Ihr Sonntagsgesicht wendet die Basilika nach Norden. Da wird die architektonische Gemeinschaft der zwei Ulrichskirchen, der großen katholischen und der kleinen evangelischen, offenbar. Und diese beiden Bauten können in ihrem geschwisterlichen Nebeneinander eine Haltung symbolisieren, die sich in Augsburg beispielhaft ausgeformt hat: Verträglichkeit! Sie kommt in dieser Stadt nicht von ungefähr. 1530 wurde hier die Augsburger Confessio verkündet. Ein Ergebnis der folgenden Entwicklung war das Prinzip der „Parität“, das sich in Augsburg so auswirkte, daß bis ins beginnende 19. Jahrhundert hinein alle öffentlichen Ämter der Reichsstadt doppelt besetzt waren; angefangen beim „Stadtpfleger evangelisch“ und „Stadt-

Die Stiftsanlage bei St. Ulrich und Afra. Kupferstich von Daniel Manasser, 1626.

pfleger katholisch" bis zum „Nachtwächter evangelisch" und „Nachtwächter katholisch". Die Mauern beider Ulrichskirchen umgrenzen den grünen, heiligen Bezirk einer Freiung. Hier wußte sich in alter Zeit ein Verfolgter geschützt. Solange er in diesem „Vorhof des Tempels" sich aufhielt, war er, selbst wenn er ein Verbrechen begangen hatte, vor Haft und Strafe geborgen. Diesen friedvollen Platz durchschreiten die Protestanten, wenn sie durch den Seiteneingang ihre Kirche betreten und die Katholiken, wenn sie durch das Hauptportal in die Basilika gehen. Eine Bank lockt in der Freiung zum Ausruhen. Wer da sitzt, hat blühende Rosen vor sich und eine rauschende Weide an seiner Seite. Durch ein Gittertor ist die liebliche, grüne Oase von der Straße getrennt und die altüberlieferte Ordnung ist heute noch gültig: Sie will, daß der eine Türflügel vom evangelischen, der andere vom katholischen Mesner des Abends geschlossen, des Morgens geöffnet wird.

Ein kühler Hauch weht uns im Inneren des Münsters an. Das barocke Gitter, prächtig in Holz und Metall, blenderisch in seinen künstlichen Perspektiven, ist eine erste Überraschung. St. Ulrich birgt deren viele. Bezaubernd zum Beispiel das Abtschörlein im rechten Seitenschiff! 973 ist Bischof Ulrich, der Patron des Bistums, gestorben, und seit rund tausend Jahren unternimmt es die Kunst, ihn in allen Stilarten darzustellen. In der Augsburger Kirche, die seinen Namen trägt, zeigen Gemälde und Plastiken den großen Heiligen.

Ihre besten Stunden hat die Basilika an sommerlichen Spätnachmittagen, wenn die Sonne das Westfenster füllt. Lichtgarben schießen auf; Taufstein und Kreuzaltar, ausgezeichnete Bronzen von 1605, werden Silhouetten. Zur ursprünglichen spätgotischen Ausstattung und teilweise auch an deren Stelle, nachdem der Bildersturm so vieles weggefegt hat, sind im 17. und 18. Jahrhundert vorzügliche Werke der Malerei und Plastik hinzugekommen. Die drei frühbarocken Altäre des Weilheimers Hans Degler von 1604—1607 machen die Fest-Themen von Weihnacht, Ostern und Pfingsten anschaulich. An den Langhauswänden hängt ein Kreuzweg in erlesenen Farben, gemalt von Januarius Zick von 1770—1780. Die überlebensgroße Holzfigur einer spätgotischen Muttergottes von Michael Erhart bezog am linken Vierungspfeiler einen Ehrenplatz und hat dort, zumal wenn es in ihr der „Maienkönigin" zu huldigen gilt, viele Verehrer. Neben solchen bekannten Kunstwerken besitzt St. Ulrich noch eine Fülle kleiner Dinge, die es ebenfalls wert sind, gesehen zu werden. Selbst ein alter Türbeschlag lohnt es, im Vorübergehen mit Auge und Hand erfaßt zu werden.

Immer wieder aber wendet sich der Blick von Einzelheiten weg auf das Gesamt der großartigen Architektur. Mit einem ganzen Trupp von Werkleuten hat seit 1477 Burkhard Engelberg den Bau von St. Ulrich und Afra ausgeführt. Eine Grabgedenktafel, außen rechts vom Hauptportal, erinnert an den Baumeister dieser Kirche, die alljährlich im Juli während der „St.-Ulrichs-Festoktav" das Ziel zahlloser frommer Wallfahrer aus der ganzen Diözese wird.

Entlang der Pfarrgartenmauer und im anschließenden Wohnviertel gibt es noch etliche besonders nette Gassen. Das im 18. Jahrhundert reich freskierte Haus Nr. 10 in der Kapuzinergasse stellt uns vor, wie es einmal allgemein in Augsburg ausgesehen haben mag. Hier existierten nämlich mehr Wandmalereien als in irgendeiner anderen süddeutschen Stadt und die Hausfronten an den Straßen zogen sich einst wie lange, bunte „Bilderbögen" hin.

Am Wollmarkt gefällt beim Hof des Hl.-Geist-Spitals ein dekoratives Tor und eine durch Arkaden ausgezeichnete Fassade.

Wir aber schreiten nun auf dem breiten Band der Maximilianstraße stadteinwärts. Keine zweihundert Meter von St. Ulrich entfernt, erwartet das Schaezler-Palais unseren Besuch. Wer im Torbogen sich umwendet, findet den

Der Weinmarkt (Mittlere Maximilianstraße) mit dem Herkulesbrunnen und dem ehemaligen Siegelhaus. Kupferstich von Georg Balthasar Probst, um 1740.

Herkulesbrunnen des Adrian de Vries von 1596 bis 1602 zwischen goldbraun holzgeschnitzten Rokokotüren sehr vornehm gerahmt. Das Schaezler-Palais entstand in einer Zeit, die großzügig empfand. Als repräsentatives Wohnhaus ließ es der Bankier Benedikt Adam Freiherr von Liebert, ein Vorfahre der Freiherren von Schaezler, für sich und seine Familie erbauen. Der Münchner Hofarchitekt Karl Albert von Lespilliez lieferte den Entwurf; 1765 erfolgte die Grundsteinlegung. 1960 ging das Palais, dank einer Schenkung des Dr. jur. Wolfgang Freiherrn von Schaezler, an die Stadt Augsburg über. Unter den Bogengewölben der Erdgeschoßräume bekamen, als eindrucksvolles Zeugnis zeitgenössischen Kunstschaffens, die Bronzegüsse der „Sammlung Koelle" ihren Platz, das Lebenswerk des 1953 verstorbenen Bildhauers Professor Fritz Koelle, eines gebürtigen Augsburgers.

Das elegante Treppenhaus mit einem Deckenbild des Italieners Guglielmi führt zunächst zum ersten Obergeschoß, dessen Raumflucht Werke des Augsburger Barocks aufgenommen hat. Im zweiten Stock befindet sich eine Galerie allgemein deutschen Barocks.

Keinesfalls sollten es Besucher des Schaezler-Palais versäumen, auch die in der zweiten Etage eingerichtete „Stiftung Karl und Magdalene Haberstock“ zu betrachten. Hier tut sich eine Tür zur Weltkunst auf. In zwei Räumen hängen betörend schöne Gemälde von Paolo Veronese, Rubens, Rembrandt, Tiepolo; daneben findet sich einige Plastik.
Das erste Obergeschoß hält noch eine besondere Kostbarkeit bereit. Wer schauend und forschend die Räume der Kunstsammlungen durchmessen hat, findet sich am Ende in einem der schönsten Rokokosäle Süddeutschlands. In diesem mit Stukkaturen, Malerei und Schnitzwerk übersponnenen Saal ein Konzert bei Kerzenlicht erleben zu dürfen, an einem Juniabend gar, wenn vom Garten her sich blühende Zweige an die Fenster drängen, und bei aller Augenlust auch noch Mozartmusik im Ohr zu haben — das ist ein Fest! Dieser Saal wurde 1770 erstmals in Gebrauch genommen, als die blutjunge Erzherzogin Marie Antoinette auf ihrer Brautfahrt nach Paris, von Wien kommend, in Augsburg Station machte. Im Schein von 365 Kerzen, deren jede einen Tag des Jahres bedeuten sollte, tanzte die Vierzehnjährige Menuett.

DIE REISEPAUSE

Ein lichtgeschmückter, feierheller Raum,
Viel Musikanten: Flötenklang und Geigen.
Perücken, die sich der Prinzessin neigen —
Ihr ist es wie daheim, aus Wien ein Traum.

Der Hausherr schaut sie stolz im Glanz der Kerzen
Und meint, nichts Schönres sei ihm je begegnet.
Mit goldnem Haar und heller Haut gesegnet
Sei ihrer auch der Ruhm der guten Herzen.

Doch sie mag wechselnd in die Blaker schaun,
Die von der Wand wie Schlangen züngelnd gleißen,
Und in die Augen, die ihr Antlitz preisen —
Wie gerne will sie sich dem Glück vertraun.

Das brachte ihr die Fahrt in wirrer Fülle.
Der Kutschen Scheiben faßten Bild um Bild
Und eine Frühlingssonne, klar und mild,
Half schon der Blüte aus der prallen Hülle.

Die junge Braut entzückte nichts so sehr,
wie eines Schlehbuschs ungetrübtes Weiß.
Verlangend griff sie sich ein nahes Reis,
Trug's in der Hand und sah nichts andres mehr.

Jetzt in des Menuetts galanter Rund
Kreist aus der Glocke ein verirrtes Blatt,
Wie der Prinzessin Wange, bleich und matt,
Des Tanzens müde um die späte Stunde.

Ach, lächeln müssen, reden, täglich Feste!
Es kommt das Ende ihr heut recht zu Dank,
Nun steht sie in der Türe, hoch und schlank,
Die Scheidende, und grüßt mit zarter Geste.

Schon hat die Jungfer eilends sie entlassen,
Im Viertakt noch und froh, allein zu sein,
Läuft sie ans Fenster, das im Mondenschein
Sich spiegelnd buchtet über Platz und Gassen.

O Marie Antoinette, der Brunnen rauscht!
Drei junge Frauen lenken seinen Strahl,
So, wie des Meisters Hand dem Werk befahl,
O Marie Antoinette, der Brunnen rauscht!

Allnächtlich, seit du von daheim gegangen,
Deckt dich der Schlaf mit dunklen Ängsten zu.
Verloren ist der Kindheit gute Ruh,
Im Taglicht noch spürst du das fremde Bangen.

Doch wenn die Sonne endlich wärmer steigt,
Der Wagen rollt, die Hufe klirrend schlagen,
Hebst du den Blick: Man mög dem Kutscher sagen,
Er halte an, wenn sich was Schönes zeigt!

Es führt die Liebe dich und die Begier.
Nach Lust und neuem Land steht dir der Sinn.
So reifst du doppelt jetzt zur Königin —
O Marie Antoinette, Gott helfe dir!

Doris Lieb

Am Tag, während der Besichtigungs-Stunden, ist der Schaezlersaal für seine Gäste „Fermate". Dann nämlich, wenn sie auf Kunstpfaden weiterwandelnd, den strahlenden Raum durch den rückwärtigen Ausgang verlassen und nun in einen, heute dem bayrischen Staat gehörenden Bau, das ehemalige Kloster St. Katharina, gelangen. Man hat einen Teil seiner Räumlichkeiten zur Galerie gemacht; die Bayerischen Staatsgemäldesammlungen zeigen hier bedeutsame Werke. Zum Wichtigsten zählen die sogenannten „Basilika-Tafeln". Zwei davon stammen von dem Augsburger Meister Hans Holbein d. Ä. und auf einer hat sich der Maler selbst dargestellt, vor sich seine beiden Söhne. Der kleinere, Hans, ist das junge Genie des Holbein-Stammes. Er wird seinen Ruhm als Maler in der Schweiz und in England gewinnen — mit prophetischer Geste weist die Hand des Vaters auf dieses Kind.

Auch das beste Bildnis Jakob Fuggers, 1518 von Albrecht Dürer gemalt, ist aus der Münchner Alten Pinakothek der Galerie der Heimatstadt des „königlichen Kaufherren" überlassen. Das Augsburger Fuggerhaus liegt nahe dem Schaezler-Palais und dem Katharinenkloster. Es war nicht nur zu Lebzeiten Jakobs des Reichen, sondern auch unter nachfolgenden Generationen seiner Familie ein Mittelpunkt großer Ereignisse. 1643 huldigte man Gustav Adolf auf dem Weinmarkt, wie damals dieser Teil der heutigen Maximilianstraße hieß. An einem Fenster des Fuggerhauses zeigte sich der Schwedenkönig der versammelten Menge. Weitere Bürgerhäuser von Rang stehen in dieser Gegend. Das schönste: das in Privatbesitz befindliche „Haus zur Himmelsleiter" mit seinen traditionsbetont eingerichteten Innenräumen. Die Maximilianstraße schließt ein Stück „Via Claudia", des uralten Handelsweges der Römer, ein. Antike Gestalten, wie man sie als Brunnenfiguren ansiedelte, sind auf diesem Boden keine Fremdlinge. Der gewalttätig-starke Herkules begegnete uns als erster. Mit lodernder Fackel geht er der vielköpfigen Hydra zu Leib. Drei Nymphen sind dem Helden zugesellt, indes — die rauhe Mannesszene zu ihren Häupten läßt sie unberührt. Die bezaubernden Mädchen sind ausschließlich mit Schönheitspflege beschäftigt und bedienen sich des sprudelnden Wassers. Daß der Brunnen mit seinem Marmorbecken so neu und gepflegt wirkt, ist dem Gemeinsinn jener Augsburger zu danken, die in mäzenatischer Gesinnung sich in der von Bürgermeister Dr. Ludwig Wegele gegründeten „Gesellschaft zur Erhaltung Augsburger Kulturdenkmale" zusammengefunden und die Rettung, Restaurierung und Verschönerung derartiger Güter sich zum Ziel gesetzt haben. Die Gesamtheit der Bevölkerung tut verständnisvoll das ihre dazu, indem sie Gewinne-spendend und Lose-kaufend einer schon mehrmals durchgeführten Tombola „Alt-Augsburg" stets zu größtem Erfolg verhilft. Auch für das Zustandekommen von Augsburgs neuem, prächtigem „Römermuseum" hat diese Vereinigung Großes geleistet.

Es wurde eingerichtet in der Dominikanerkirche, die in der neben der Maximilianstraße sich parallel hinziehenden Dominikanergasse liegt. Der 1513 erstellte zweischiffige Hallenbau mit seinen fünfzehn Seitenkapellen und sieben Mittelsäulen aus Sandstein erhielt zu Anfang des 18. Jahrhunderts eine reiche barocke Innenausstattung. Die Brüder Feichtmeier schufen Fresken, der Augsburger Alois Macke malte nach Entwürfen Johann Georg Bergmüllers sechzehn Deckenfresken zu den Themen der „Rosenkranzgeheimnisse".

Die Dominikanerkirche war, seit man sie dem sakralen Dienst entzogen hatte, für verschiedene Zwecke verwendet worden. Jetzt endlich bekam der schöne, ganz instandgesetzte Raum einen ihm angemessenen Inhalt: er nahm die bedeutsamen vorgeschichtlichen, römischen und frühgeschichtlichen Funde auf, die zuvor nur teilweise im räumlich beengten Maximilianmuseum gezeigt werden konnten. 1966 fand die Eröffnung des Römermuseums statt.

Auf dem Brunnensockel in der Mitte der festlichen Maximilianstraße steht der Handelsgott Merkur. Gewohnt, seine Siege nicht mit Kraft, sondern mit Listen zu erfechten, gibt er sich tänzerisch-grazil. Ein Putto nestelt am Flügelschuh des Erhabenen. Die Situation ist doppeldeutig. Wird das Band der Sandale gelöst oder gebunden? Ist Merkur gerade angekommen, oder will er entschweben? Und wohin? Nach Hellas? Nach Rom? Wahrscheinlich gibt er sich schon mit dem zufrieden, was ihm Augsburg an Römischem zu bieten hat. Wie dem auch sei, der junge Gott ist voll Unternehmungslust; ungeduldig schaut er über die Schulter auf den Putto herab und sagt: „Beeile dich, Kleiner!“ Es wird wohl so sein, daß Merkur sich eben anschickt, sein Regiment in dieser Stadt anzutreten. Schon erhebt er das Szepter, den Schlangenstab, und die handelsfreudigen Schwaben werden seine Gunst zu schätzen wissen.

Hinter dem Brunnen steht das einstige Zunfthaus der Weber. 1959 schuf Otto Michael Schmitt an drei Wänden Bilder in delikaten, fast modischen Tönen. Aus der scheinbaren Gegensätzlichkeit hellbunter Bildflächen und dunkelschimmernder Bronze wird ein reizvoller Akkord. Angrenzerin am selben Platz ist die Kirche St. Moritz, deren Anfänge aus dem 11. Jahrhundert stammen. Dieses mehrmals umgebaute und dabei veränderte Gotteshaus, das zuletzt vor seiner Zerstörung im Luftkrieg 1944 als reich dekorierte Barockkirche sich präsentiert hatte, zeigt nun, nach dem Wiederaufbau durch Dominikus Böhm, im Inneren unverhüllte, kraftvolle Architektur. 1967 wurde eine, durch die nachkonziliare Wandlung der Liturgie

St. Moritz, Merkurbrunnen und Weberhaus. Kupferstich von Karl Remshard, 18. Jahrhundert.

Die Schauseite des Zeughauses. Kupferstich von Simon Grimm, um 1680.

veranlaßte neuerliche Umgestaltung vollendet. Als Gewinn für die Kirche erweisen sich zwei neue Türen mit eindrucksstarken Bronzereliefs von Bildhauer Toni Rückel, München.

Schräg gegenüber dem Hauptportal von St. Moritz baut sich die von Joseph Heinz entworfene kristallinisch geschnittene Renaissance-Fassade des Zeughauses auf, über dem Portal eine wuchtige Bronzegruppe des hl. Michael von Hans Reichle, vollendet 1607. Wie von Feuersturm erhitzt ist dieser sehnige Erzengel, der sein Flammenschwert über den gestürzten Luzifer aufreckt. Augsburgs berühmtester Baumeister alter Zeit, Elias Holl, hat die Architektur des Zeughauses ausgeführt. Im Roten Tor haben wir am Anfang unserer Wanderung schon einen Bau seiner Hand bewundert. Nun sollen wir Holls selbständigstes, genialstes Werk kennenlernen: das Rathaus (1615—1620). Maximilian- und Karolinenstraße ziehen in leichter Krümmung daran vorbei. Sie sind, samt dem Hohen Weg, in dem sie sich fortsetzen, noch immer „Via Claudia".

Rathaus und Perlach, das Jahr über ganz Würde, lassen sich, wenn es an der Zeit ist, herbei, auch einmal unzeremoniell zu erscheinen, sie feiern den Fasching mit und dulden in diesen närrischen Tagen bunten Schmuck. Das Rathaus ist ganz auf Mitte, auf frontale Betrachtung hin angelegt. Beide Türme zugleich soll der Blick umfassen. Auch die Rückseite muß man gesehen haben. Da erweist sich der Bau des 17. Jahrhunderts als ein respektabler, edler Vorgänger moderner Hochhäuser. Sein „Herz" freilich hat ihm der Krieg geraubt. Im Nachtangriff vom 24./25. Februar 1944 ist der berühmte Goldene Saal ausgebrannt. Die alten Augsburger können ihn nicht vergessen:

Da ich die steile Treppe aufwärts ging,
Die kühl umbaut empor zum Saale wies,
War keine Ahnung, nichts, was mir verhieß,
Die Herrlichkeit, die dort den Gast empfing.

Es schwieg die Rede und mein Schritt ward leise;
Der Raum, der keine Menschenmaße kannte,
In dem ein Leuchten von Gestirnen brannte,
Befahl zum Diener mich nach Herrenweise.

An Tür und Decke dunkelbraunes Holz,
Der alten Stuben wohlvertraute Farbe,
Trug Gold, wie einer reichen Ernte Garbe,
Wie eines Bürgerherzens satten Stolz.

Die Mauer aber hob sich nebelgrau
Und ließ der Decke Fülle schwebend ruhn.
Da lohnte, die Augen aufzutun
Und einzudringen in der Bilder Schau.

Zwiefach trat ungestüm der Tag herein,
Der Sonne boten sich die Fensterflächen,
Hart stand die Wand, die jähe Flut zu brechen,
Und knisternd sank das Licht im Schnitzwerk ein.

Ich aber, eh' ich Abschied nehmen mußte,
Sah in der Tiefe noch das große Rund,
Die Mutter Stadt, die heiter, klar und bunt
Wie keine andre sich zu zeigen wußte.

Des Mittags Glut trieb alle Schatten aus,
Der Wind sang im Geäder heller Straßen
Und Dächer blühten grün wie junger Rasen:
So lag zu Füßen sie dem schönsten Haus.

Doris Lieb

Der einstige Goldene Saal des Rathauses. Kupferstich nach einer Zeichnung Salomon Kleiners, um 1730.

Der Platz am Perlach (Ludwigsplatz)
mit Rathaus, Perlachturm und der Kirche St. Peter,
Neuem Bau und Augustusbrunnen.
Kupferstich von Heinrich Jonas Ostertag, 1711.

CURIA REIPUBLICA AUGUST

Nackte, ausgeglühte Mauern hatte der Bombenbrand zurückgelassen. 1962 erhielt ein Teil der verwüsteten Räume des Rathauses durch eine dezent-moderne Ausstattung nach Entwürfen von Walther Schmidt wieder ein gutes Gesicht. Der Außenbau des Hollschen Monumentalwerks wird indes immer den stärksten Eindruck schenken. Da ist Ethos, in Stein verfestigt, schaubar. Das feierliche Portal könnte in Italien stehen; doch sein Schmuck ist aus Einzelheiten gefügt, die auf schwäbischem Erdreich gewachsen sind. Die Sterntüren etwa — Phantasie vom Zirkel gebändigt — und die zwei Greifen, denen ihre orientalische Herkunft nicht mehr anzumerken ist; „eingedeutscht" sind sie geheimnisvolle, im Märchen behauste Fabeltiere geworden. Das von ihnen flankierte Stadtwappen, der Pinienzapfen aus südlichen Wäldern, wird hierzulande Zirbelnuß genannt. — Die beiden „Rathaus-Beschauplätze", den oberen und unteren verbindet eine großzügig ansteigende Treppe. In nächster Nachbarschaft verbirgt sich hinter dem Perlachturm die Ratskirche St. Peter am Perlach. Es ist noch nicht lange her, daß man an ihrem Ostgiebel Augsburgs älteste Christus-Darstellung, eine Tonfigur des 12. Jahrhunderts, entdeckte. Inzwischen hat man dieses „Herrgöttle" ins Innere der Kirche hereingeholt.

Prunkstück des weiten, freien Platzes vor dem Rathaus ist der Augustusbrunnen des Hubert Gerhard. Er entstand in der Blütezeit des Humanismus. Damals besann man sich in Augsburg in neu erwachtem Stolz auf die ruhmreiche Geschichte der Stadt und auf den kaiserlichen, römischen Gründer. Geist von seinem Geiste sollte sich im Rathaus, wenige Jahrzehnte nach Errichtung des Brunnens manifestieren. Der ausgestreckte Arm des Imperators weist schon 1594 wie in einer Vorahnung auf den kommenden Bau des Elias Holl. Vielfigurig und von mancherlei Allegorik bestimmt, ist dieser Brunnen der schönste der brunnenreichen Stadt. Zuweilen zerfetzt eine Böe die Wasserstrahlen, die sich aus vielen Rohren ins Becken ergießen, zu Sprühregen und jagt ihn über den Brunnenrand. Da lagern die Flüsse Lech und Wertach, die Bäche Singold und Brunnenbach, personifiziert durch je zwei Männer und zwei Frauen. Mit wohlig gedehnten Gliedern überlassen sie sich der kühlenden Brause, die ihnen der Wind zuweht.

Vom Perlachturm zum Dom schauen oder aus einem Rathausfenster den Blick in die Richtung St. Ulrich zu wenden, ist gleichermaßen eindrucksvoll.

Ein Idyll, wie der Christkindlesmarkt — einst vor St. Maria Stern, heute auf dem großen Rathausplatz — zu erleben, ist meist nur den Einheimischen beschieden, denn wer ist in der letzten Adventswoche schon auf Reisen und zu Gast in einer fremden Stadt?

In den Rathausplatz mündet die Philippine-Welser-Straße ein. Ihr Name hält das Gedächtnis an die schöne Patrizierstochter des 16. Jahrhunderts fest, die ein Erzherzog zur Frau genommen hat. Hier dominiert ein, im rückwärtigen Teil einst welserisch gewesener Bau, das heutige Maximilianmuseum mit seinen vornehmen Renaissance-Erkern an der Schauseite. Diesem Museum, das vorzugsweise der Stadt- und Kulturgeschichte, der Plastik und dem Kunstgewerbe Augsburgs gewidmet ist, sollten wir etwas Zeit schenken. Die Atmosphäre des früheren Patrizierhauses, die auch heute noch eine „private" ist, wird uns gewiß für eine Weile gefangennehmen.

Zu den gefälligsten Dingen hier gehört das alte Spielzeug, recht nach dem Herzen von Kindern. Besonders reizend jene kleine Rokokokutsche, die an die Tage erinnert, in denen Marie-Antoinette durch Augsburg fuhr. Von Bräuchen und Volksleben um 1530 erzählt ein großes Jahreszeiten-Gemälde; darauf ist auch noch das gotische Rathaus der Stadt dargestellt, das dem Hollschen Bau gewichen und über dessen Herrlichkeit schier in Vergessenheit geraten ist. Wie die Vornehmen der Stadt sich zu vergnügen pflegten, schildert das Bild des „Geschlechtertanzes“ von 1500. Kleinkunst und Handschriften in Vitrinen offenbaren ihre Schönheit bei geduldiger Nahbetrachtung. Ein Missale entzückt durch minutiöse Malerei. Eine Holzfigur wird den Beschauer ebenfalls fesseln: mit gütigem Blick begegnet ihm eine Bürgersfrau in der Tracht des 16. Jahrhunderts. Sie stellt Felicitas, die frühchristliche Martyrin dar, umringt von ihren sieben Söhnen. Der anonyme schwäbische Meister, der die Gruppe geschnitzt hat, kleidete die Römerin in das modische Gewand seiner Zeit. Ein anderes Holzschnitzwerk der Spätgotik, die rassige Gestalt der schwäbischen Heiligen Radegundis, ist es ebenfalls wert, in Ruhe betrachtet zu werden.

Es gäbe in den drei Stockwerken des Museums noch viel zu sehen, darunter Dinge, die durchaus überlokale Bedeutung haben, aber wir müssen uns fürs erste wohl mit diesen knappen Eindrücken zufrieden geben.

Beim Verlassen des Hauses wird uns ein, rechter Hand gelegener Barockbau anlocken, die heutige Industrie- und Handelskammer von Schwaben. An der Decke des Treppenhauses hat der aus Mähren zugewanderte Maler Gottfried Bernhard Goez 1739 mit leichter Hand eine Allegorie auf „Das Glück des Handels“ hingezaubert.

Im Weitergehen sind wir nach wenigen Schritten am Martin-Luther-Platz. Seine Mitte beherrscht der Goldschmiedebrunnen, der an jene berühmten Augsburger Kunsthandwerker erinnern will, die einst nahezu alle europäischen Länder mit ihren begehrten Arbeiten belieferten. 170 Gold- und Silberschmiedemeister mit eigenen Werkstätten gab es hier im Jahre 1588! Hinter dem Brunnen steht die evangelische Pfarrkirche St. Anna. Elias Holl baute ihren Turm. Als sie noch Karmeliten-Klosterkirche war, sah der Prior Dr. Johannes Frosch 1518 Martin Luther bei sich zu Gast. Ein Bildnis des Reformators aus der Meisterhand Lucas Cranachs hängt in der Kirche.

Kreuzgang und Lutherhöflein, die Goldschmiedekapelle mit ihren Bildwänden und die Heilig-Grab-Kapelle atmen noch heute die Stimmung des späten Mittelalters und der frühen Reformationszeit. Dem Mittelschiff der Kirche, gotisch aus der zweiten Hälfte des 15. Jahrhunderts, schließt sich ein außergewöhnliches Raumgebilde an: die Fuggerkapelle. Jakob Fugger und seine Brüder sind hier beigesetzt. 1518 geweiht, gilt die Kapelle als frühester und vollkommenster Renaissanceraum venezianischer Prägung diesseits der Alpen. Der klaren Feinheit der Architektur ist einfühlsam eine plastische Altar-Figurengruppe eingeordnet. Ein Engel stützt behutsam den mystischen „Fronleichnam“ Christi. Dieser Engel aber ist ein Genius! Hier vollzieht sich die für Augsburg so eigene Synthese zwischen Antikem und Christlichem. Weit irdischer in ihrer prallen Leiblichkeit, naiv, halb verschlafen, halb verspielt, sind die gleichfalls berühmten Putten von Sebastian Loscher auf der Marmorbrüstung vor der Altargruppe.

Man muß die Heilig-Kreuz-Kirche queren, um rechts abbiegend in einen stillen Komplex von Grünanlagen und Bauten zu gelangen, das „Regierungsviertel“. Am Gitter des einstigen Hofgartens bewachen zwei schildhaltende Löwen das Portal. Eine anderes, ursprünglich an der Schüleschen Kattunfabrik aufgestelltes schönes Gitter, schließt den an die Residenz angrenzenden Teil des Fronhofes ab, in dem gelegentlich konzertiert wird. Wer die Freude hat, hier an einem warmen Abend gute Musik zu hören, der kann gleichzeitig ein Bild in sich aufnehmen, das den Wissenden träumen und „sinnieren“ läßt. — Da will zunächst der Haupttrakt der ehemaligen Fürstbischöflichen Regierung von Schwaben und Neuburg betrachtet sein. Über dem Portal und seinen roten Säulen schwingt füllig ein Balkon aus, wie dazu gemacht, Schauplatz einer Szene von einmaliger Bedeutung zu werden: 1782 spendete Pius VI. auf seiner „Papstfahrt durch

Schwaben", die Peter Dörfler so lebendig geschildert hat, von hier aus dem harrenden Volk seinen apostolischen Segen. Zwischen dem anspruchsvoll gestalteten Hauptbau der Residenz und dem einfacheren Seitenflügel ragt, schmucklos neben dem Barock, ein Stück Mittelalter auf, ein Turm. Von ihm ist die Rede, wenn Albrecht Dürer 1518 seine Zeichnung Kaiser Maximilians I. beschriftet: „In seinem kleinen Stüblein hoch oben auf der Pfalz."

Im Gebäudeflügel, der sich seitlich an den Turm anschmiegt, und im Mai seine Fensterflucht

Der Hohe Chor des Doms und die ehemalige St. Johannes-Kirche auf dem Fronhof. Kupferstich der Barockzeit.

hinter einem rosaroten Gewebe von Baumblüte verbirgt, liegt eine „Kapellenstube", in der 1530 die „Augsburger Confessio", die Bekenntschrift des deutschen Protestantismus, verkündet worden ist. — Seltsam, wie in geheimer Anziehung, so scheint es, sich derart verschiedenartige Geschehnisse von historischem Gewicht auf dieser kleinen Fläche Raums begeben haben. Hinter der Rückfront der Residenz ist der reizend neu gestaltete und der Öffentlichkeit zugänglich gemachte kleine Hofgarten mit seinem pompösen Barockgitter.

Kernstück des Fronhofs ist der, dem Dom unmittelbar vorgelagerte Teil. Vom frühen kirchlichen Leben Augsburgs zeugen Ausgrabungen: die Grundmauern der vom hl. Ulrich im 10. Jahrhundert erbauten St.-Johannes-Kirche, darin Teile eines älteren Kirchenbaues und ein frühchristlicher Taufbrunnen. Noch tiefer zurück in Augsburgs Geschichte reichen die Denkmäler an der „Römermauer"; hier hat man ein kleines „Freiluftmuseum" antiker Bauskulptur und Steinbildkunst gewagt.

Der Fronhof mit seinen Bänken taugt dazu, ein wenig innezuhalten, auszuschwingen und dabei an den Domtürmen hinaufzuschauen. Sie wurzeln dort, wo der romanische Dom ostwärts sein Ende hatte. Erst als die Gotik den hohen Ostchor ansetzte, wurden die Türme vom erweiterten Baukörper umfangen.

Von außen gilt es noch, das Bronzeportal zu betrachten, das mit seinen, in der Sinngebung stets rätselvoll gebliebenen Figurenreliefs zum Bedeutendsten zählt, was an früher romanischer Kunst in Deutschland erhalten geblieben ist.

Dann wollen wir am Südportal mit seinem reichem Steinmetzschmuck einen der Holzflügel aufstoßen, um einzutreten. Die Hand berührt dabei das kühle Erz eines Löwenhauptes. Diese uralte Bronze wurde ebenso wie ihr Gegenstück auf der zweiten Holztüre, von den romanischen Domportalen hierher verpflanzt. Im Inneren suchen wir zunächst die Mitte des vielfältig gegliederten Raums, um uns dem Ostchor zuzuwenden. Da geraten wir sogleich in den Bann eines Kunstwerks, das erst 1962 geschaffen worden ist: der Hochaltar von Josef Henselmann, München. Sechs übereinandergestellte Paare der Apostel werden von den Armen des Gekreuzigten überspannt.

Die letzte totale Restaurierung des Domes, 1934, unter Leitung von Professor Toni Roth ließ manche Wandbilder wieder ans Licht kommen, so den großen hl. Christophorus am Ende des rechten Seitenschiffs von 1491, gemalt in einem Jahr besonderer Kornteuerung, wie auf dem Rocksaum des bärtigen Riesen zu lesen steht.

In der Höhe des Mittelschiffs, dort wo ursprünglich eine romanische Flachdecke aus Holz eingezogen war, leuchten fünf, relativ kleine Glasfenster mit Propheten-Gestalten aus dem 12. Jahrhundert. Glühend in Ausdruck und Farbe sind sie nächst der Bronzetür das Kostbarste im Augsburger Dom. Zur romanischen Zeit wurde auch die Halle der Westchor-Krypta mit schwer lastenden Gewölben über kurzen, dicken Säulen gebaut.

Das Schönste an spätgotischer Bildkunst im Dom sind die vier Tafeln Hans Holbein d. Ä. an den östlichen Langhauspfeilern. Sie schildern Szenen aus dem Marienleben, inhaltlich teilweise apokryphen Evangelien entnommen: das Opfer Joachims, Mariens Geburt, den Tempelgang und die Beschneidung des Jesuskindes. Die Bilder gehörten zu einem 1493 für das Kloster Weingarten geschaffenen Flügelaltar. Holbeins malerischer Anteil daran ist uns geblieben — ein Glück ohnegleichen! Wie kein zweiter seiner Zeit wußte dieser schwäbische Meister Marienminne auf eine leise, innige Art sichtbar zu machen. Da ist im epischen Geschehen immer ein lyrischer Klang. Noch funkelt der mystisch-goldene Himmel der alten Sakralkunst auf zwei Bildern und vor solch ganz unirdischem Hintergrund regt sich, blaugewandet, die Jungfrau mit ihrem Blumengesicht. Sanfte Hüterin des göttlichen Kindes.

Stadtmetzg, Barfüßerkirche und der einstige Barfüßertor-Turm. Kupferstich von Karl Remshard, 18. Jh.

ringsum: ein Städtlein in der Stadt mit schützenden Mauern und Toren. Dies, aus Mäzenatentum, christlicher Verantwortung und Realität gewordene kleine Gemeinwesen findet am Ende unseres Textes noch seine eigene Würdigung. Götz von Pölnitz, der 1967 verstorbene hervorragende Kenner der Geschichte des Hauses Fugger, schildert als ein Berufener Historie und Sinn der Fuggerei. Zunächst muß uns also ein knapper Blick in die Herrengasse mit ihren goldgelben Häuschen genügen. Dann wenden wir uns, jetzt die Jakoberstraße in Gegenrichtung durchschreitend, von neuem stadteinwärts. Da erwartet uns wieder maßstäblich größere „wirklichere" Architektur. Das Vogeltor von 1445 etwa, das man vor einigen Jahren geschickt restauriert und in der Bodenzone verkehrsgerecht umgestaltet hat. Nahe dabei liegt das Dominikanerinnen-Kloster St. Ursula. Es bietet, vor allem über die Gärten hinweg gesehen, reizvolle Bilder. Die barocke Ausstattung der Kirche wurde auch hier im Krieg vollständig vernichtet. Den würdevollen Wiederaufbau des heutigen Gotteshauses hat der Augsburger Altmeister süddeutscher Kirchenbaukunst, Michael Kurz, geleistet. Vor St. Ursula fließt Wasser. Viele Stellen der Altstadt bekommen ihr besonderes Leben durch solche Kanäle, die, eingepreßt zwischen Häuserfluchten, von fernher an Venedig erinnern. In dieser Gegend „am Rain", steht das Geburtshaus Bert Brechts. Hier wurde dem großen Dichter eine Gedenktafel gesetzt. Die Bomben des Luftkriegs haben in eben dieser Altstadt sinnlos „geackert". So finden sich heute, oft in geringem Abstand voneinander, Reste noch

erhaltenen traulichen Gewinkels und völlig moderne Straßenzüge, die auf dem Trümmerfeld von 1944 gründen und in nichts mehr an die einstige Bebauung vor 1944 erinnern.
Um die alte Stadt hat sich bereits seit 1830 eine breite Zone von Industrie zu bilden begonnen. Den Produktionsstätten verbinden sich Namen von heute schon historischem Ruhm: Der erste Dieselmotor ist in Augsburg erfunden und gebaut worden. Seinem Konstrukteur hat der japanische Unternehmer Yamaoka mit dem „Dieselhain“ im Wittelsbacher Park ein Denkmal gewidmet. Dieser Park gehört ebenso wie der Stadtgraben zu jenen Grünflächen im Häusermeer, die der Großstädter so nötig hat. Da kutschieren täglich die jüngsten Augsburger in ungezählten Kinderwägelchen über den Kies und auf Bänken haben die Großmütter, die Rentner und Pensionisten, ihre Stammplätze.
Im Stadtinneren beließen weder die Baumeister alter Zeit, noch die von heute, dem Grün allzuviel Raum. Im vorigen Jahrhundert war man der Natur offensichtlich eher gewogen. Damals ist die Kaiserstraße so geworden, wie sie sich bis vor wenigen Jahren, vielbestaunt und vielbeliebt, noch bot: mit vier Reihen prächtiger Kastanienbäume — Pariser Champs-Elysées im Kleinen! Inzwischen haben hier Verkehr und grimmig kalte Winter manchen Tribut gefordert. Am Königsplatz aber rauschen noch immer viele Bäume und von Frühling bis Herbst stehen Blumen der Saison in buntem Wechsel in Blüte.
Im westlichen Außenbezirk liegt das große Stadion und die neue Sporthalle; Schwabens Sportler und ihre Gäste sind davon begeistert.
Den Eisläufern steht neuerdings ein vorbildlich angelegtes Kunsteisstadion — im wesentlichen das großzügige Geschenk eines Mäzens — zur Verfügung.
Doch das meistgeschätzte Erholungsgebiet der Augsburger in ihrer Gesamtheit ist und bleibt der Siebentischwald. Auch er bietet manche sportlichen Möglichkeiten. Tennisplätze finden sich am Rand, dem Fußgänger erlaubt ein wahres Labyrinth von Wegen stundenlange Wanderungen, Radwege haben ihre dankbaren Benutzer und die Reiter erfreuen sich ebenfalls eigener Pfade. Spiel- und Liegewiesen gefallen vor allem der Jugend. Lechabwärts bis zur Wehr- und Stauanlage des Hochablasses können sich Paddler tummeln und am Kuhsee wird gerne gerudert.
Im Bereich des Siebentischwaldes liegt auch die, dem Publikum zugängliche Stadtgärtnerei, daneben der Tiergarten. Er genießt einen guten Ruf. Die Autos, die am Wochenende vor dem Tor parken, weisen mit ihren Kennziffern auf Nord und Süd, West und Ost. Nördlinger und Kemptener, Kaufbeurer und Mindelheimer treffen sich hier. Sie alle und manche Anderen, die noch von weiter her kommen, finden, daß dieser kleine, sehr gepflegte Zoo die Anreise durchaus lohnt.
Die Stadt ist wie ein alter Baum, sie wächst und wächst. Der Handel spielt seine Rolle wie eh und je, die Industrie vergrößert sich, neue Wohnbauten kommen ständig hinzu. Die Fabriken mit ihren Schloten zählen bereits zu einer Zwischenschicht des Baugefüges; der äußerste, aus Wohnsiedlungen formierte Ring hat sie wortwörtlich „überrundet“; jede von ihnen ist ein Ganzes für sich — Satellitenstädte. Sie haben eigene Schulen, Geschäftsviertel, Kirchen. Die meistbeachteten, eigenwilligsten und frömmsten der neuen Gotteshäuser am Strand schufen die Architekten Vater und Sohn Thomas Wechs. Sie entwarfen u. a. die Hochzoller Kirche und — ein „Zelt Gottes unter den Menschen“ (Arch. Thomas Wechs sen.) — die Don-Bosco-Kirche der Herrenbach-Siedlung.
In allen neuen Wohngebieten ist viel Luft, viel Grün. Die Menschen bleiben hier während der Freizeit gerne in ihren Gärten, auf ihren Balkonen. Die Innenstadt indes pflegt an arbeitsfreien Tagen geradezu entvölkert zu sein und wird dabei wohltuend ruhig. Es ist pure Feinschmekkerei, dann wenn die meisten der motorisierten

Mitbürger in die Ferne entschwirrt sind, an einem Samstagnachmittag oder -abend etwa, durch die stillgewordenen Straßen und Gassen zu promenieren und schließlich sich in dieser oder jener der behaglichen Gaststätten verwöhnen zu lassen.
Konnten wir es diesmal bei unserem ersten, noch allzu flüchtigen Gang durch Augsburg nicht so einrichten, solche Tage und Stunden zu nutzen, dann mag es uns vielleicht ein andermal glücken. Denn am Zurückkommen wird uns wohl gelegen sein; wer Augsburg einmal recht erlebt hat, hofft gewiß, noch oft hier zu sein. Wäre der Augustusbrunnen eine Fontana Trevi, die Fremdlinge würden gewiß zum Abschied nach römischem Brauch eine Münze im Becken versenken. Und der alte Kaiser, der sich im Wasser spiegelt, bekäme ihren Wunsch zu hören: Laß uns bald wiederkehren in diese, deine wohlgeratene Stadt Augusta Vindelicorum!

Die Reichsstadt Augsburg, von Osten gesehen, unten die Jakober-Vorstadt. Kupferstich-Schauplan aus dem 17. Jahrhundert.

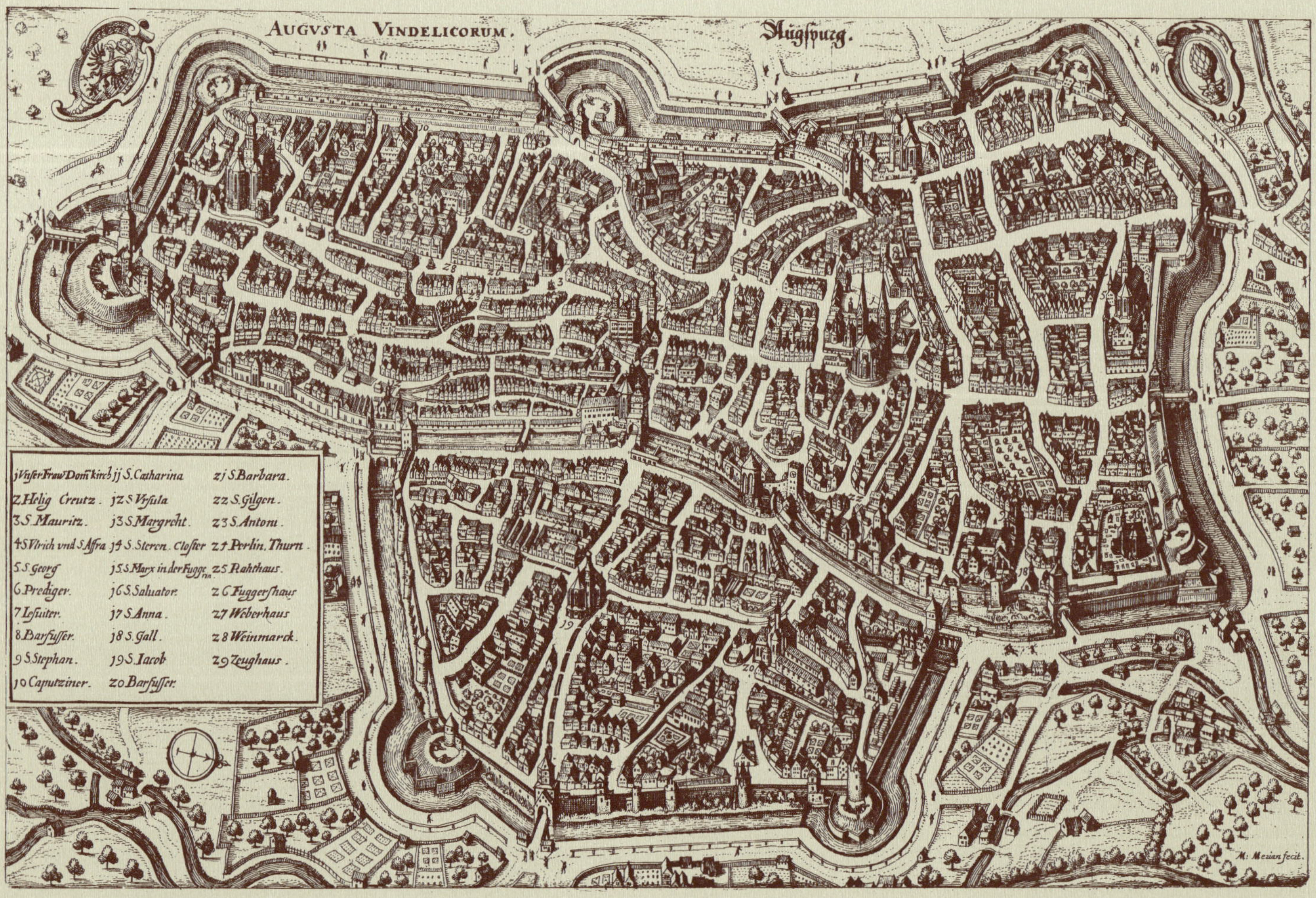

Götz Freiherr von Pölnitz *DIE FUGGEREI*

In der Fülle sozialgeschichtlich bedeutsamer Erscheinungen der Augsburger Geschichte steht die Fuggerei mit an vorderster Stelle, und auch als Baudenkmal hat dieses Paradies bedürftiger Menschen sich mitten im Trubel der großen Stadt glücklicher erhalten als die einstigen Stadtburgen oder Paläste der „großgeldmächtigen" Familien der oberdeutschen Renaissance. So bewahrt sie, Einheimischen wohlvertraut und den Fremden zur besinnlichen Verwunderung, das Gedächtnis der menschlichen Denkungsart jenes Zeitalters um 1500, das sonst mit dem Begriff des „Frühkapitalismus" in vieldeutiger Beleuchtung steht, jedoch mit den Namen der Fugger, Welser, Höchstetter, Paumgartner und Herwart mit Recht gefeiert und fast ausschließlich als die Epoche der ersten weltweiten Begegnung von Politik und Kapital gewürdigt wird.

Eine solch einseitige Betrachtung wäre aber für die Vorläufer der oberdeutschen Bankiers des 15. und 16. Jahrhunderts irreführend. Auch sie, vornehmlich die Financiers der Toskana, wußten oder suchten wenigstens aus einem mehrschichtigen Lebensgefühl, ihr wirtschaftliches Schaffen kapitalistisch-rationaler Prägung mit dem christlich geformten, übernommenen Lebensbild und seinen gänzlich anderen Anforderungen an den zu Nächstenliebe, Wohltätigkeit und jenseitiger Verantwortung verbundenen Menschen in Einklang zu bringen. Sie erfanden als Ausweg die sogenannten „Herrgottskonten" der großen Firmen, in denen der Allmächtige selbst gleichsam als Teilhaber ihrer Gesellschaft auftrat, an Gewinn und Verlust neben anderen bürgerlichen Teilhabern in Erscheinung trat, den Verlust mittrug und den Gewinn zugunsten religiöser oder sozialer Schöpfungen ausschüttete. Diese geistesgeschichtlich im Rahmen der Sozial- und Wohlfahrtsgeschichte des abendländischen Stiftungswesens dankenswerte Einrichtung übertrugen schwäbische und fränkische Bankiers nach Nürnberg und Augsburg, wo sie von den gleichen maßgeblichen Familien gepflegt wurde, die auch in der Technik der frühen Banken und in der weltweiten Planung ihrer mit zahllosen Gütern befaßten Wirtschaft zu Venedig, Mailand, Genua, Florenz und Rom in die Schule gegangen waren.

Bei den Fuggern dürfte um 1510 erstmals ein ähnliches Konto auf den Namen des heiligen Ulrich, des Augsburger Stadtpatrons, entstanden sein. Der Unterschied zu den toskanischen „Conti di Dio" lag jedoch, ähnlich wie bei dem Welserischen „Conto unseres Heilandes und seiner Armen", darin, daß nicht mehr Gott selbst als Firmenteilhaber auftrat, sondern daß jetzt auf den Namen des Heilands oder des Stadtheiligen durch die Gesellschaft ein Konto errichtet wurde, dessen Zinsen und Kapital, das von Zeit zu Zeit bei günstiger Wirtschaftsentwicklung des Gesamtunternehmens eine Aufstockung erfuhr, für religiöse und caritative Zwecke unterschiedlicher Art und nebeneinander bestimmt waren. Zu einer konkreten Festlegung auf einen einzelnen Zweck im besonderen scheint es erst um 1515 gekommen zu sein.

Im Jahre 1514 kaufte Jakob Fugger der Reiche, der Begründer der weltwirtschaftlichen Macht seines Hauses, in der Jakober Vorstadt Augsburgs, die vornehmlich von Webern als Wohnviertel bevorzugt wurde, von der Witwe des Bürgermeisters Hieronymus Welser, Anna Strauß, vier Häuser mit Hofstätten und Gärten, am „Kappenzipfel" westlich der Jakobskirche gelegen. In der Folgezeit geschahen weitere, mitunter umfangreiche Zukäufe, so daß 1516 bereits zwei Häuser, ein Jahr später siebzehn bewohnt wurden. Diese Entwicklung schritt so schnell voran, daß 1523 schon 52 Häuser zur Verfügung standen. Obwohl zunächst noch keine gemeinsame Ordnung, kein Stiftungsbrief während der ersten Zeit bestand, gab es keinen Zweifel darüber, daß der Begründer Jakob Fugger eine geschlossene Einrichtung anstrebte, sie von kommunaler und geistlicher Vormundschaft gleichermaßen frei,

206
179
59
X
233

Jakober-Vorstadt mit Fuggerei und St. Jakobs-Kirche. Kupferstich-Planbild von Wolfgang Kilian, 1626.

einzig unter der Leitung seiner Familie wohltätigen Zwecken bestimmt wissen wollte.

Über die Art dieser Bestimmung bietet die erste deutliche Aussage jene lateinische Inschrift, die mit geringen Abweichungen über sämtlichen Toren wiederkehrt, die, zwischen den umfassenden Mauern eingelassen, den Zugang zur Sondersiedlung der Fuggerei freigeben. Laut diesem Text bekennt Jakob Fugger 1519 zugleich für seine verstorbenen Brüder Ulrich und Georg, daß sie in ihrem Handel durch die Gnade des Herrgotts ausgezeichnet worden seien und deshalb aus Andacht und ihren Mitbürgern zum Vorbild 106 Behausungen für notleidende Mitbürger errichtet hätten. Den Widmungsinschriften des Jahres 1519, die als eine Art steinerner Stiftungsbrief aufgefaßt werden könnten, folgte der schriftliche Stiftungsbrief vom 23. August 1521, der neben der Fuggerei, die als Hilfe für „arme Taglöhner und Handwerker" bezeichnet wurde, mehrere andere Stiftungen der Fugger, so bei St. Anna und St. Moritz, beide zu Augsburg, rechtlich ordnete. Die Mittel für die „Armenleutehäuser" und die anderen Schöpfungen kamen aus den Kapitalien des Contons St. Ulrich, das damit freilich nicht erschöpft, sondern durch weitere Zustiftungen Jakobs des Reichen und später seiner Neffen mehrfach ergänzt wurde.

Der innere Sinn des Vorganges erhellt bereits aus der Stiftungsinschrift, die in einer für die Geistesgeschichte des abendländischen Großbürgertums bezeichnenden Weise ausdrückt, wie dessen finanzielle Führungsschicht in derselben Zeit, wo sie durch die Finanzierung der Kaiserwahl Karl V. weltpolitische Entscheidungen traf, zugleich und zwar aus traditioneller christlicher Bindung und nicht etwa, wie mißverständlich angenommen wurde, aus einer Art schlechten Gewissens, in freier Entscheidung ihre von dem gleichen wirtschaftlichen Umbruch der die einen hochtrug, erfaßten, sozial absinkenden Mitbürger bedachte und aus der Hellsichtigkeit eines wachen Gewissens heraus für sie, und zwar nicht in Gestalt eines Almosens für einzelne Personen, sondern in der Wohnungshilfe für bedrängte Familien – damit auch keineswegs nur für alte Leute —, Sorge und Hilfe übernahm.

Die Neuschöpfung der „Fuggerei", die mit solchem Namens erstmals um 1520 in den Augsburger Steuerbüchern auftrat, stand für die damalige Zeit vielleicht nicht so allein, wie manchmal angenommen wird, wenn man sie als erste Armenwohnsiedlung der Welt bezeichnet. Wenigstens trat sie nicht ohne Vorläufer in die Welt und ist nicht einem freien Einfall des Begründers entsprungen. Unverkennbar ist vor allem die Verwandtschaft mit den niederländisch-belgischen sowohl wie holländischen Beghinenhöfen, die sowohl in der Art ihrer straßenförmigen Anlage, ihrer Einzelhäuser, ihrer Mischbestimmung zwischen Devotion und Fürsorge und sogar bis hinein in die institutionellen Einrichtungen und die Terminologie ihrer Ordnungen eine starke Verwandtschaft mit der Fuggerei besitzen. Dennoch ist die Möglichkeit einer Abstammung von den einstigen Augsburger Beghinen völlig auszuschließen, da diese im Rahmen des Kampfes der katholischen Kirche mit dieser Bewegung von frommen einzelnen Frauen des aufstrebenden spätmittelalterlichen Bürgertums samt ihren schwäbischen Schwesternhäusern restlos untergegangen waren. Wenn eine Beziehung der Fuggerei zu den niederländischen Beghinen innerhalb ihrer Geschichte und Vorgeschichte anzunehmen ist, dann am ehesten auf dem Wege einer Vermittlung durch die friesische Familie Occo, der Ärzte entstammten, die in Tirol und Augsburg zu Jakob Fugger in Beziehung traten. Pompeius Occo war als Großkaufmann zugleich Vertreter der Fugger zu Amsterdam, und weilte mehrfach in Augsburg. Der eine der beiden Adolf Occo sollte zum ersten ärztlichen Betreuer der Fuggereibewohner werden. Dieser Kontakt wäre sehr wohl denkbar, da auch anderweitig gerade dank ihrer Weltoffenheit

Angestellter der Fuggerschen Unternehmen gedacht, auch nicht der Stiftungen selbst. Sie blieb den schuldlos verarmten, katholischen Bürgern Augsburgs insgesamt vorbehalten, wobei sich freilich die Stifterfamilie den unabhängigen Entscheid darüber vorbehielt, wer in der Siedlung Aufnahme finden sollte. Zu ihren bekanntesten Bewohnern zählte der Stammvater des Wolfgang Amadäus Mozart. Der rheinische Gulden entwertete sich mit der Zeit. An seine Stelle traten später, nach Verlust der Unabhängigkeit der Reichsstadt Augsburg, der bayerische Gulden und hernach Reichsmark und Deutsche Mark, so daß deshalb, weil der alte bayerische Gulden mit 1,72 alter Reichsmark verrechnet wurde, eine Fuggereifamilienwohnung jetzt jährlich 1,72 DM, die kleineren Witwenwohnungen 1,— DM kosten.

Ergänzend zu der hohen Würdigung der Individualität von Person und Familie, die der Denkungsart des deutschen Humanismus entsprach, erwuchsen im Laufe der Zeit weitere gemeinschaftliche Einrichtungen, die freilich nicht alle die Zeitenstürme überdauerten. Erhalten blieb die Kirche St. Markus, die Markus und Philipp Eduard Fugger im 16. Jahrhundert erbauen ließen, nachdem bereits Petrus Canisius in den frühen Zeiten der Augsburger Glaubensspaltung dort als Seelsorger gewirkt hatte. Die einstigen Krankenanstalten innerhalb der Fuggerei, die sogenannten „Holzhäuser", wurden durch moderne ärztliche Einrichtungen abgelöst. Die Getreidescheune verschwand ebenso wie die einstige Schule und die zuweilen in der Fuggerei betriebene eigene kleine Verlagsbuchhandlung.

Die Erhaltung der Stiftung durch nunmehr 450 Jahre war, da sie besonders im 30jährigen Krieg stark heimgesucht wurde, nur möglich, weil sie durch den Stifter mit erheblichem eigenem Vermögen ausgestattet und durch andere Mitglieder des Fuggerschen Hauses durch Zustiftungen bedacht worden war, die Verwaltung aber unter Oberleitung der Familie mit diesem Vermögen, das bald aus Gesellschaftsbeteiligungen und Kapital in Liegenschaftwerte — Wälder, Landwirtschaft und Brauerei — überwechselte, sinnvoll wirtschaftete. Die Häufigkeit, mit der Brände durch Krieg oder Ungeschick mittelalterliche Städte heimsuchten, ließ schon den Stifter die Möglichkeit eines solchen Mißgeschickes auch für seine Stiftung voraussehen und dafür satzungsmäßige Vorkehr treffen. Dennoch ereilte die Fuggerei erst im zweiten Weltkriege ein solches ihre Existenz bedrohendes Unheil. Nach den Augsburger Bombennächten, die wenige Häuser der Fuggerei verschonten, erhebliche Teile der Wohnhäuser wie die Kirche völlig vernichteten und vom ganzen Bestand annähernd vier Fünftel unbewohnbar machten, stand die Familie, vertreten durch ihre drei Senioren: dem Fürsten Joseph Ernst Fugger von Glött, dem Grafen Clemens Fugger von Kirchberg und zu Weißenhorn sowie dem Fürsten Friedrich Carl Fugger von Babenhausen, vor der grundsätzlichen Entscheidung, ob ein Wiederaufbau der Fuggerei noch möglich sei. Ihre Entscheidung fiel dem Bewußtsein einer traditionellen Verpflichtung den Vorfahren gegenüber gemäß aus. Die Fuggerei wurde hauptsächlich seit 1947 ihrer einstigen Gestalt möglichst ähnlich wieder errichtet, und zwar die Wohnbauten, während die Kirche im Inneren sich durch erlesene Erwerbungen stärker dem Charakter der Entstehungszeit anpaßt, als das 1944 der Fall gewesen war. Die Mittel für den Wiederaufbau stammten so gut wie ausnahmslos aus dem eigenen Vermögen der Stiftungen. Keine Mark Zuschuß wurde von Seiten des Bundes, des Landes, der Gemeinde oder der Kirche in Anspruch genommen. Der Krieg hatte die innere Lebenskraft der Fuggerei nicht vernichtet.

Um aber dem Willen des Stifters nachzufolgen, der nicht nur den Dank an Gott abstatten und helfen, sondern zugleich seinen Mitbürgern ein Beispiel der Hilfe für notleidende Mitbürger geben wollte, und der trotz aller Wirtschaftsblüte in manchen Kreisen gestiegenen oder wenigstens nicht beendeten Not zu steuern, wurde die Fuggerei erheblich erweitert und dabei gerade jener verlassenen einzelnen Menschen gedacht, die von der modernen Sozialgesetzgebung weniger betreut sind als andere, die zeitlebens auf eine spätere Rentenversorgung hinarbeiten konnten. Die zusätzliche Wiedererrichtung des Repräsentationsbaues der Fuggerei, des „Seniorats", und dessen Erweiterung gaben ferner Gelegenheit, wesentliche von Untergang bedrohte Teile der großen Zeit Alt-Augsburgs aufzunehmen und wiederherzustellen, darunter Teile des alten Fuggerhauses am Rindermarkt, die Leonhardskapelle der Welser und den Erker des Höchstetterhauses, welch letztere beide von der Stadt großzügigerweise den Fuggerschen Stiftungen als Geschenk übergeben wurden.

Mit dem Wiederaufbau und der verschönernden Erweiterung der Fuggerei ist aber nicht nur den Bedürftigen Augsburgs und der Schönheit der Stadt ein Dienst erwiesen oder ein sozialhistorisch einzigartiges Werk vor dem Untergang bewahrt worden. Das Stärkste am Werk Jakobs des Reichen war selbst in den blühendsten Zeiten seines Geschlechtes und seiner Gesellschaft die innere Gesinnung dieser Stiftung: Die christliche Liebesgemeinschaft jenseits der sozialen und wirtschaftlichen Grenzen, die Mitverantwortung des Vermöglichen für den Bedürftigen, die Hochschätzung der Familie, die Ehrfurcht vor der individuellen Freiheit. Diesen unvergänglichen und grundlegenden Werten reiner Menschlichkeit, diesen Heiligtümern abendländischer Kultur zu dienen, ist auch die wiedererstandene Fuggerei berufen.

Notarielle Abschrift des Fuggerei-Stiftungsbriefes, 16. Jahrhundert (Fuggerei-Museum).

Am Roten Tor schlängelt sich durch das Renaissance-Vorwerk der Stadtbefestigung die Straße. Ein venezianischer Brunnen (rechts) schmiegt sich in eine Mauernische.

Vom Flugzeug gesehen: Die Basilika St. Ulrich und Afra, verbunden mit Evangelisch-St.-Ulrich, inmitten alter und neuer Wohn- und Geschäftsbauten im südlichen Bereich der Altstadt. Angrenzend an die Kirche (oben links) die letzten noch erhaltenen Gebäudeteile des einstigen Benediktinerklosters.

Im Innenhof bei den Wassertürmen, aufgehängt in einem kleinen Schmiedeeisen-Gerüst, eine Glocke. Sie wird von einem schimmernd patinierten Blechhütchen überdacht.

Kraftvolle Architektur schwäbischen Barocks: zwei kantige Wassertürme von 1669/72, ein Stück Festungsmauer und in unbefangener Menschlichkeit eingefügt ein privater Wohnbau.

Eine doppelläufige Wendeltreppe von 1742 schmückt einen der Wassertürme am Roten Tor. Sie bezeugt den in alter Zeit selbstverständlichen Einklang von Nützlichkeit und Schönheit.

Die weiträumige Szenerie der Freilichtbühne am Roten Tor: Türme, schweres Gemäuer, hohe grüne Bäume. Besonders italienische Opern kommen in dieser Umgebung zu starker Wirkung.

Hinter Altstadtdächern ragt die Breitseite des Hl.-Geist-Spitals von 1623 auf, darüber ein grüner Saum: die Baumkronen der Anlage am Roten-Tor-Wall.

Zwei gleichgestimmte „Brüder" – die Türme von Katholisch- und Evangelisch-St-Ulrich; beide bekrönt von Kupferzwiebeln.

Die Rokoko-Krypta mit dem Sarkophag des Hl. Ulrich ist funkelnder Blickpunkt in der archaisch-strengen Rahmung eines Torbogens der 1962 errichteten Grabkapelle unter der Vierung der Basilika St. Ulrich und Afra.

Das dunkle Erz des Kruzifixus, der Maria und der Maria Magdalena vom Kreuzaltar (1605) des Hans Reichle in St. Ulrich und Afra erscheint als Silhouette vor dem reichen Schnitzwerk des Hochaltars (1604/07) von Hans Degler im Chor.

Der Sarkophag der im Jahr 304 als christliche Blutzeugin gestorbenen Hl. Afra steht jetzt im ernsten Raum der neugeschaffenen Grabkapelle der beiden Bistumspatrone: St. Afra und St. Ulrich.

In das rechte Seitenschiff von St. Ulrich und Afra schwingt und wölbt sich zierlich das spätgotische „Abtschörlein". Darunter eine Schranke der Renaissance mit Terrakotta-Statuen des Italieners Carlo Pallago.

Diese drei Schnitzfiguren gehören zu einem Altar (1570/71) in der Marienkapelle bei der Sakristei in St. Ulrich und Afra. In der Mitte der Apostel Jakobus, links und rechts die frühen Augsburger Bischöfe St. Simpertus und St. Narzissus.

Ein Blatt aus einem Psalterium des Klosters St. Ulrich und Afra. Das von Leonhart Wagner geschriebene Werk trägt die Jahrzahl 1495. Es entzückt durch die Harmonie von Notenbild, Schrift und ornamentaler Rahmung.

In den Tagen der alljährlich zu Anfang des Juli gefeierten St.-Ulrichs-Woche ist die Basilika Ziel zahlloser Wallfahrer aus der Diözese und manche Prozession bewegt sich durch die Maximilianstraße.

et oues pascue tue: confitebimur tibi in
seculum In generatione et generatione:
annunciabimus laudem tuam Gloria. añ.
Propitius esto peccatis nostris domine.
Post pasca añt. Alleluia alleluia alleluia. In scdo noct. a.
V. Deus: in scto via tua. R. Qs deus magnus: sicut deus nr.
Exultate deo. Euouae. ps pa sca. Alleluia. Euouae.
Qui regis ps. Ad victoriã sup liliis testimoniũ asaph psalmus.
Ag. 20
israel intende: qui deducis velut ouem ioseph Qui sedes
super cherubin: manifestare
coram effraim beniamin
et manasse Excita potentiam tuam et
veni: ut saluos facias nos Deus con
uerte nos: et ostende faciem tuã et salui
erimus Domine deus virtutũ: quousqz
irasceris super orõnem serui tui Ciba
bis nos pane lacrimarũ: et potũ dabis

Eine verwitterte Säulengruppe vom Hof des einstigen Ulrichsklosters. Nur kleine Teile dieser architektonisch bedeutenden Renaissance-Anlage sind nach den Luftangriffen des letzten Krieges noch übrig geblieben.

Zum Kloster St. Ulrich und Afra gehört auch die als Ruine wiederhergestellte frühmittelalterliche Kapelle St. Godehard.

Die Altstadt um St. Ulrich entzückt den Besucher durch manches „romantische" Bild. Die Peter-Kötzer-Gasse bei St. Ulrich.

Das Höfchen mit dem Westbau des ehemaligen Dominikanerinnen-Klosters St. Margareth zeigt sich seit der Restaurierung als wahres Idyll. Seinen besonderen Charakter verdankt es dem Laubengang mit den Hell-Dunkel-Effekten.

Am Schaezler-Palais schimmern die Rokoko-Ornamente der Torflügel. In den Bogen spannt sich das graziöse Werk eines Kunstschmiedes. Draußen in der Straßenmitte rauscht der Herkulesbrunnen.

Der Ulrichsplatz vermittelt einen ersten Einblick in die Obere Maximilianstraße. Im Hintergrund der mächtige Baukörper des Rathauses; links schließen sich Ostchor und Türme des Doms an.

DROGERIE

Eine Allegorie auf die Kunst hat im kunstreichen Augsburg ihren eigenen Sinn. Das farbenfrohe Deckenbild im Treppenhaus des Schaezler-Palais wurde 1766 von dem Italiener Gregor Guglielmi gemalt.

St. Felicitas mit ihren Söhnen. Das schwäbische Schnitzwerk aus dem Beginn des 16. Jahrhunderts zeigt die römische frühchristliche Heilige, die der Legende nach zugleich mit den sieben Knaben hingerichtet wurde.

St. Christophorus. Die Bronzefigur steht in der im Erdgeschoß des Schaezler-Palais befindlichen „Plastiksammlung Professor Fritz Koelle", die das Lebenswerk des 1953 verstorbenen Meisters, eines gebürtigen Augsburgers, umfaßt.

Bildnis des Erzherzogs Albrecht von Österreich von Peter Paul Rubens. Das Gemälde gehört zur „Karl und Magdalene-Haberstock-Stiftung" im Schaezler-Palais, die hervorragende Werke der Weltkunst umfaßt.

Geist, Grazie und Schwebung süddeutschen Rokokos repräsentiert diese Münchner Kanzelfigur (1760) des Evangelisten Johannes von Ignaz Günther.

Der geniale Stamm der Holbein-Familie. Hans Holbein-d. Ä. hat vor sich seine Söhne Ambros und Hans (links), der später europäischen Ruhm erwerben wird. Als Maler der Basilika-Tafel des Hl. Paulus, um 1504 (Staatliche Gemäldesammlung Augsburg) wies Hans Holbein d. Ä. dieser Dreiergruppe einen Platz im Bilde zu.

Traumhaft in Gold, zarten Farben und blinkendem Spiegelglas: der Festsaal des Schaezler-Palais, erbaut 1765/70 nach Entwürfen des Karl Albrecht von Lespilliez. Schnitzdekorationen von Placidus Verhelst, Stukkaturen von den Gebrüdern Feichtmayr.

Die Fresken am Kathan-Haus in der Kapuzinergasse gehören zu den wenigen noch erhaltenen und wiederhergestellten Hausmalereien, an denen Augsburg einst so reich war.

Der Herkulesbrunnen (1596-1602) des Niederländers Adrian de Vries steht an beherrschender Stelle in der Oberen Maximilianstraße. Der sehnige Arm des griechischen Helden holt zum Schlag mit der Fackel aus, die neunköpfige Hydra zu töten.

Auf dem Gesims des Pfeilers sitzen Najaden, die sich des sprudelnden Wassers erfreuen.

Im nächtlichen Scheinwerferlicht in einem, auch die angestrahlte St.-Ulrichs-Kirche umfassenden Blick zeigt sich der Brunnen in seiner ganzen Pracht.

Die parallel zur Maximilianstraße laufende Dominikanergasse. Blick vom hohen Bau der Dominikanerkirche (Römermuseum). Rechts das St.-Antonius-Kirchlein mit seinem kleinen Turm.

Von der Gründungszeit der Augusta Vindelicorum künden diese jetzt im Römermuseum geborgenen Steindenkmäler: ein bei Grabungen unter St. Ulrich zutag geförderter Sarkophag und das Grabmonument einer Familie (rechts), beide aus dem 2./3. Jahrhundert nach Christus.

D M
T·FL·PRIMANO·PATRI·ET
TRAIAN·CLEMENTINÆ
MATRI·ET
T·FL·CLEMENTI·FRATRI
MIL·LEG·III·ITALIC
EXACTO·COS
QVI·VIXIT·ANNIS·XXIIII
T·FL·MARTIALIS·SIBI
ET·PARENTIBVS·SVIS
VIVOS FECIT

Dominikanerkirche-Römermuseum. In dem, im frühen 17. erbauten, im 18. Jahrhundert neudekorierten, lichtdurchfluteten, zweischiffigen Raum und seinen Seitenkapellen sind heute römische und frühgeschichtliche Funde aus Augsburg und dem umgebenden schwäbischen Land ausgestellt.

Der berühmte, 1769 in der Wertach aufgefundene antike Pferdekopf, Rest eines Kaiser-Reiterdenkmals aus Bronze, und zwei Reliefs von römischen Grabdenkmälern, sämtlich im Römermuseum.

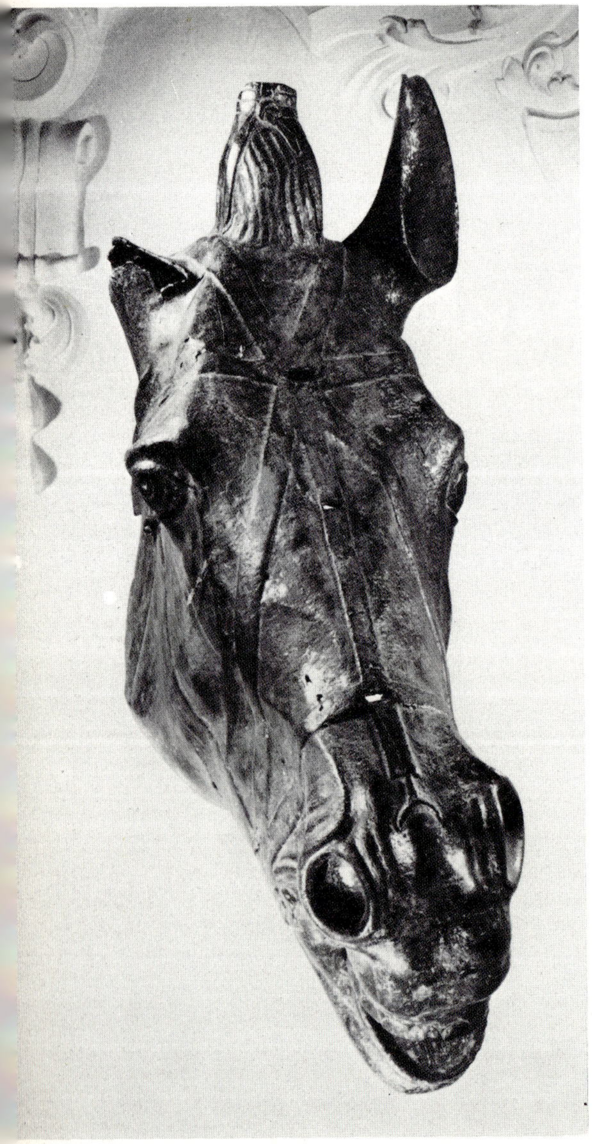

Gassen und Winkelwerk der Altstadt, überragt vom Rathaus. Im Hintergrund rechts der Dom mit seinem steil aufsteigenden Ostchor.

Das reizende „Damenhöfchen" (um 1515) gehört zu den repräsentativen Wohnbauten der berühmtesten Augsburger Familie alter Zeit, den Fuggerhäusern an der Maximilianstraße.

Merkur auf dem Brunnenpfeiler, zu Füßen ein kauernder Putto, der den Flügelschuh des jungen Gottes bindet. Das Modell der Bronze von 1599 schuf Adrian de Vries.

Der Merkurbrunnen vor dem ehemaligen Zunfthaus der Weber mit seinen modernen Wandbildern

Die St.-Moritzkirche (am rechten Bildrand), gegenüber das hochgiebelige, bemalte Weberhaus; im Hintergrund zweitürmig das Rathaus und links der Perlachturm.

Im Verkehrsgewühl der Maximilianstraße eine Hochzeitskutsche. Sie bringt ihre Insassen zum Standesamt.

ER+GEHR
Wessels SCHUHE Dorndorf
favorit

Der Perlachturm, als Stadtturm Augsburgs Wahrzeichen, wird kurzweg „der Perlach" genannt. 1614-16 hat ihn Elias Holl gestaltet.

*Das Zeughaus,
1600-1607
nach Entwürfen
des Elias Holl
und
Joseph Heinz
erstellt.
Die herrliche
Bronzegruppe
des Erzengels
Michael mit
drei assistierenden
Putten, 1607
vollendet, schuf
Hans Reichle.*

Elias Holls Meisterwerk, das 1615-20 errichtete Rathaus, ist der großartigste alte Rathausbau nördlich der Alpen.

Blick vom Perlachturm auf die südöstliche Stadt. Im Vordergrund gegenüber dem Rathaus, das Kloster St. Maria Stern.

TRAIANVS
IMP

Verlorene Herrlichkeit: Portal und Wand im ehemaligen, 1944 ausgebrannten „Goldenen Saal" des Rathauses. Seine Ausstattung hatte Matthias Kager nach Entwürfen Peter Candids geschaffen.

Der „Untere Flez" im Erdgeschoß des Rathauses. Ein Teil der im Luftangriff von 1944 zerstörten Innenräume erfuhr inzwischen eine moderne Instandsetzung.

Kaiser Augustus, der Stadtgründer, die Hauptfigur des 1594 vollendeten Augustusbrunnens des Hubert Gerhard.

Der im „Oberen Flez" neu eingerichtete Sitzungssaal des Stadtrates mit seinem Vorraum.

Ein Blick vom Perlachturm auf die östliche Stadt. Links die Jakoberstraße mit dem schmalen Langhaus der spätgotischen, evangelischen Barfüßerkirche. Vor dem fernen Saum der Hügel und Wälder steigen Schlote auf und markieren den Industriebereich der Stadt.

Weißer Marmor, dunkles Erz, grünes Wasser – so baut sich in Schichten, aus einem Fenster des Goldenen Saals gesehen, der Augustusbrunnen in der freien Weite des Rathausplatzes auf.

Das Luftbild (nächste Seite) zeigt den freien Rathausplatz als bedeutsame Fermate in der fließenden Melodie der alten Straßenzüge. Die einstige römische Via Claudia ist unter den Namen: Maximilianstraße-Karolinenstraße-Hoher Weg noch heute die Hauptverkehrsader der Innenstadt.

Römisches Profil unter dem Lorbeerkranz: der Kopf des Kaisers, ein Detail vom Augustusbrunnen (1589) des Hubert Gerhard.

Wassergöttinnen und -Götter lagern am Beckenrand des Augustusbrunnens.

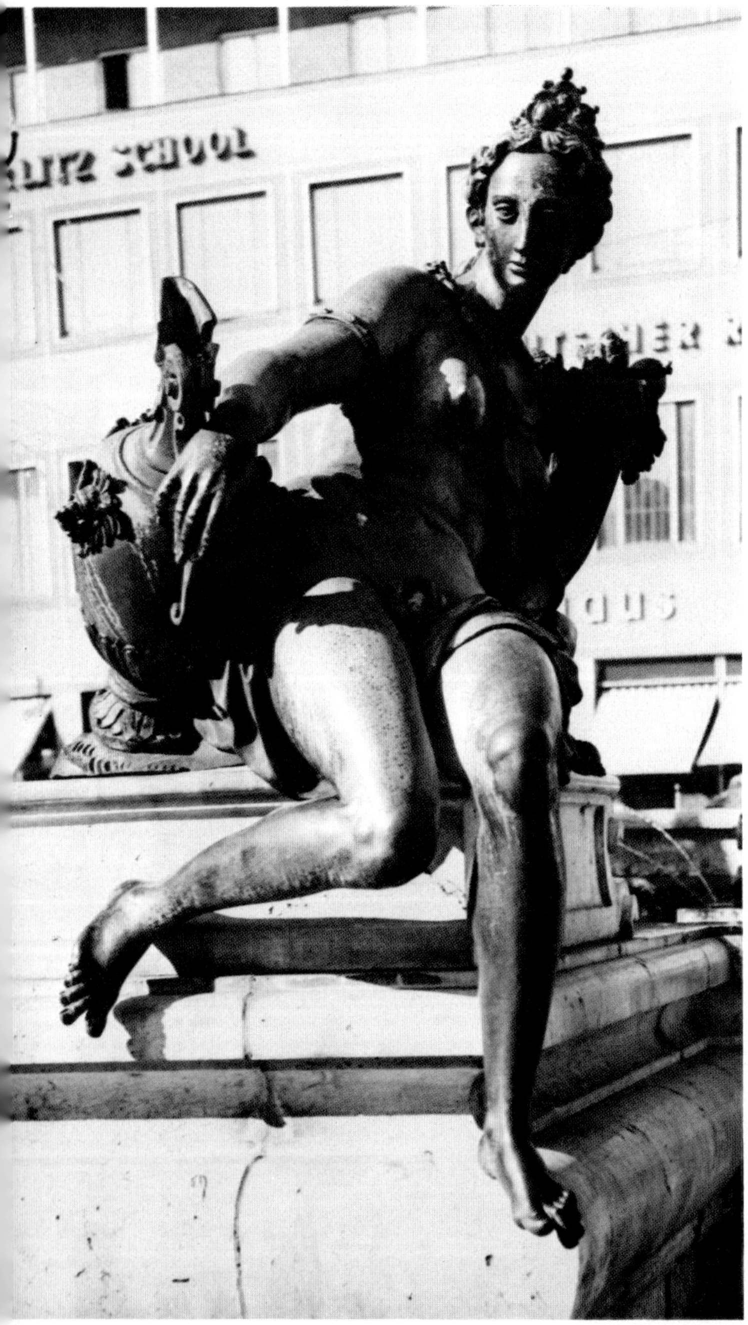

Sie repräsentieren vier Augsburger Flüsse. Von links: die Singold, der Brunnenbach, der Lech, die Wertach.

Das Kloster St. Maria Stern, eine franziskanische Gründung, mit seinem Kirchlein am Elias-Holl-Platz. Das Türmchen von 1574/76, ein Meisterwerk Johannes Holls, des Vaters Elias Holls.

Die Treppe am Eisenberg führt vom Rathausplatz zum tiefer gelegenen Elias-Holl-Platz.

WER-H 27

HOCKELMANN

Ein freundliches Stadtbild bietet sich am Elias-Holl-Platz (vorhergehende Doppelseite). Die Schmalseiten der Häuser bilden eine Einheit. Dabei wahrt jeder Bau im Maß wie in der Form von Erker und Giebel, sein eigenes Gesicht.

Die Rückfront des Rathauses mit dem doppelköpfigen Reichsadler, über das Kloster St. Maria Stern gesehen.

An Elias Holl, Augsburgs größten Baumeister, erinnert der moderne Gedenkstein hinter dem Rathaus.

St. Peter am Perlach, ehemals Stifts- und Ratskirche. Der östliche Abschluß des Langhauses mit einer Apsis zeigt romanische Einzelheiten.

Weihnachtsmarkt auf dem Elias-Holl-Platz vor der Kulisse von St. Maria Stern, ein Idyll der Adventstage.

Diese feierlich-herbe Tonfigur des Christkönigs, um 1180, ursprünglich im Giebelfeld von St. Peter am Perlach, hat heute ihren Platz im Inneren der Kirche.

Das Maximilianmuseum in der Philippine-Welser-Straße wurde 1544-46 als Bürgerhaus errichtet. Sein besonderer Schmuck ist ein Erker mit Inschrifttafel. Im Vordergrund das Denkmal Hans Jakob Fuggers von 1875.

Geselligkeit im alten Augsburg. Ein patrizisches Tanzfest, dargestellt auf einem Ölgemälde von 1500 (Maximilianmuseum).

Ein Silberbecher des frühen 18. Jahrhunderts mit Emaillemalerei auf der Wandung.

Der Kopf Kaiser Sigismunds mit Krone. Eine edle Steinskulptur der Spätgotik. Beide Werke befinden sich im Maximilianmuseum.

SAMEN

Der Goldschmiede-Brunnen bei der evangelischen St. Anna-Kirche ist seit 1913 dem Andenken der vielen hervorragenden Gold- und Silberschmiede des alten Augsburgs gewidmet, deren Werke einst in alle Welt gingen.

Das „Luther-Höflein" bei St. Anna wurde renoviert und geschickt ausgebaut. Dabei kam ein kleiner Brunnen zur Aufstellung.

75
254
254

Das Mittelschiff der St. Anna-Kirche mit der 1518 geweihten Fuggerkapelle, einem hervorragenden Werk sakraler Renaissance, dem ersten seiner Art auf deutschem Boden.

Die Goldschmiedekapelle (1420) bei St. Anna ist mit spätgotischen Wandmalereien biblischer Geschehnisse ausgestattet.

Der neu instandgesetzte Kreuzgang bei St. Anna hat viele künstlerisch beachtenswerte Epitaphien. Er ist Teil des einstigen Karmeliten-Klosters.

Putten – „welsche Kindlein" – lehnen sich auf der Balustrade vor dem Altar der Fuggerkapelle an Kugeln. Schöpfer dieser köstlichen Steinfiguren des frühen 16. Jahrhunderts ist Sebastian Loscher.

Philippine Welser, die schöne Augsburger Patriziertochter, die 1557 Gemahlin Erzherzog Ferdinands wurde (Maximilianmuseum).

Christus in der Vorhölle. Das Epitaph-Gemälde in der St. Anna-Kirche wurde etwa 1533/34 von Jörg Breu d. Ä. für die Familie Meiting gemalt.

Bier...gutes Bier...RIEGELE

In den Königsplatz am westlichen Altstadtrand, einem Angelpunkt geschäftlichen Lebens, münden acht Straßen und Gassen. Der Turm der St. Anna-Kirche setzt einen reizvollen Akzent.

Mit modernen Bronzereliefs wurden bei der letzten Restaurierung der St. Moritz-Kirche die Türen ausgestattet.

Viele Altbayerinnen, die an Markttagen aus dem angrenzenden, bäuerlichen Land mit ihren Waren nach Augsburg kommen, tragen noch Tracht.

Die bunte Lebendigkeit des Stadtmarktes gefällt nicht nur fremden Gästen. Auch den Einheimischen, die regelmäßig als Käufer kommen, macht sic immer wieder Freude.

Das Stadttheater, nach schweren Kriegszerstörungen wieder aufgebaut, zählt zu den repräsentativen Theatern Süddeutschlands.

Bert Brechts „Flüchtlingsgespräche" in des Dichters Heimatstadt gebracht. Eine der vielbeachteten Aufführungen im Stadttheater.

Katholisch-Heilig-Kreuz, jetzt Dominikanerprioratskirche, steht neben dem gleichnamigen evangelischen Gotteshaus. Der 1944 durch Bomben schwer beschädigte, 1948 wiederhergestellte spätgotische Hallenraum wird durch ein kunstreiches, barockes Gitter abgeriegelt.

Die evangelische Heilig-Kreuz-Kirche, ein Barockbau von 1650-53, hat ein zierliches, sechseckiges Türmchen mit einer Kupferzwiebel.

Das Luftbild zeigt einen Teil der westlichen Innenstadt. In der Mitte das breite Band der Fuggerstraße mit dem Stadttheater. Dahinter die beiden Heilig-Kreuz-Kirchen.

Der neuerdings der Allgemeinheit zugänglich gemachte kleine Hofgarten bei der ehemaligen Fürstbischöflichen Residenz wird durch ein Schmiedeeisengitter abgeschlossen, dessen Pfeiler Steinskulpturen bekrönen.

Das Innere des Hofgartens mit der Brunnenschale und gärtnerischen Anlagen lädt zum Verweilen ein. Im Hintergrund die Residenz, der alte Pfalzturm und die beiden Domtürme.

Bildschön auch im Winter: die ehemalige Fürstbischöfliche Residenz, jetzt Regierung von Schwaben. Der Südtrakt hat einen elegant gekurvten Giebel und guten Stuck am Portal.

Maiblüte im Fronhof bei der Residenz, über deren dem Fronhof zugekehrten Portal der „Papstbalkon" von 1785 ausschwingt. Rechts der mittelalterliche Pfalzturm, in dem Dürer 1518 Kaiser Maximilian I. porträtierte.

Die „Römermauer" am Fronhof, nahe beim Dom, zeigt antike Funde aus Augsburgs Vergangenheit.

Uraltes Mauerwerk im Boden am Fronhof: Fundamente einer frühchristlichen Taufstelle und merowingischer Kirchenanlagen.

Die Domtürme bildeten ursprünglich die Einleitung der romanischen Kathedrale. Erst später kam der hohe, 1431 geweihte Ostchor (im Bilde rechts) hinzu.

Die feierliche Steinfigur einer Muttergottes aus der Mitte des 14. Jahrhunderts am Mittelpfeiler des Dom-Südportals.

Zwei Reliefs vom berühmten Bronzeportal des Doms: die Gestalt der die Kirche symbolisierenden „Hühnerfütternden Frau" und die Erschaffung des Adam. Links: eine Gesamtansicht der zweiflügeligen Bronzetür, die zu dem 1065 geweihten Dom gehörte.

Das Südportal des Doms, reich an Figuren und Ornamentik, wurde um 1356 angelegt.

Der aus dem 13. Jahrhundert stammende Löwenkopf mit Greifring ist am Südportal kostbarer Schmuck einer der Holztüren.

Das Innere des Dom-Ostchors. Im Hintergrund der 1962 von Joseph Henselmann geschaffene Hochaltar.

Romanische Pfeiler und gotische Kreuzrippengewölbe im linken Seitenschiff des fünfschiffigen Doms. Im Vordergrund zwei Altäre mit gotischen Tafelbildern von Jörg Stocker.

Die Prophetenfenster aus dem 12. Jahrhundert im Mittelschiff des Doms gehören zu den ältesten Glasmalereien Deutschlands. Sie stellen Jonas, David, Daniel, Hosea und Moses dar.

Der spätgotische Domkreuzgang, jetzt neu instandgesetzt, wird durch die Fülle seiner zum Teil hervorragenden alten Grabdenkmäler zu einem „Plastikmuseum" für sich.

Am Gestühl im Westchor (1495) finden sich mehrere solcher Groteskköpfe, Zeugnis der Phantasie und Laune gotischer Bildschnitzer. Rechts die Darstellung eines Mönchs in Kutte.

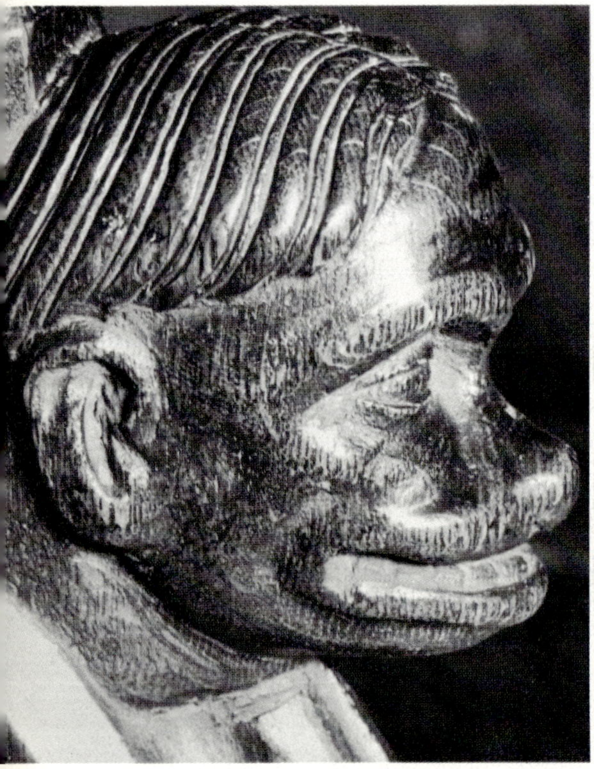

Der zweitürmige Dom mit westlichem Querschiff und Apsis, dem Langhaus und anschließendem Ostchor.

Maria als „Spiegel der Gerechtigkeit" empfängt die Huldigung des Augsburger Rats. Im Hintergrund Perlachturm und Rathaus. Eines der Deckenbilder (1765) von Mathäus Günther im „Kleinen Goldenen Saal" der Jesuitengasse.

Helle freundliche Architektur unserer Tage: der Neubau des Instituts der Englischen Fräulein.

In einem Haus der Frauentorstraße ist Leopold Mozart, Vater des Wolfgang Amadeus, geboren. Heute befindet sich dort eine Mozart-Gedenkstätte. In einem Erkerzimmer steht ein Original-Hammer-Flügel von Johann Andreas Stein aus dem Jahr 1785.

Das Wertachbruckertor. Es hat einen spätgotischen Unterbau, dessen Erhöhung und Ausbau 1605 Elias Holl vornahm.

Im Winter ebenso reizvoll wie im Sommer: der Pfad zwischen Stadtmauer und Bäumen wird nachts von einer gemütlichen Gaslaterne beleuchtet.

Gespenstische Begegnung mit der „Hexe" einer modernen Holzfigur am Lueg-ins-Land.

Stilvoll fügt sich in das alte Gemäuer am Lueg-ins-Land das kräftige Schmiedeeisengitter ein.

Ein neuangelegter Brunnen am Lueg-ins-Land. Unter klarem Wasser wird auf dem Grund des Beckens ein farbiges Mosaik sichtbar.

Verwaltungs-Hochhäuser der Industrie hinter bürgerlichen Wohnbauten der Biedermeierzeit. Im Vordergrund der Stadtgraben mit seinem spiegelnden Wasser.

Der aparte Zusammenklang von alten und neuen Bauwerken ergibt sich in Augsburg vielerorts. Hier ein Motiv am Lueg-ins-Land.

Die rustikale Figur des „Steinernen Mannes" ist in Augsburg volkstümlich. Sie verbindet sich einer Sage aus dem Dreißigjährigen Krieg.

Das St. Gallus-Kirchlein ist eines der ältesten Gotteshäuser der Stadt. Es geht auf eine Anlage des 11. Jahrhunderts zurück, die der Überlieferung nach, 1051 von Papst Leo IX. geweiht worden ist. Das Türmchen stammt von 1589.

Am Stadtgraben hat man Schwäne angesiedelt. Sie werden von den Augsburgern geliebt und verwöhnt.

Auf der Höhe der steilen Schwedenstiege öffnet sich in der Stadtmauer ein Durchgang. Dahinter schließen sich Gassen und Straßen des Viertels von St. Stephan an.

Vom Schicksal der „Sieben Kindle" – das antike Relief am Mittleren Graben zeigt indes nur sechs – weiß eine alte Augsburger Sage zu erzählen.

Eine Außenansicht der ehemaligen Stiftskirche von St. Stephan (1755/57). Nach schwersten Kriegszerstörungen ist der Bau als Kirche der Benediktinerabtei ganz neu gestaltet worden.

Die Sonne später Herbsttage bescheint den Stadtgraben. Das Wasser flimmert, kahle Bäume werfen Schatten.

Der kecke Fünfgratturm von 1454 – zärtlich „Fünffingerlesturm" genannt.

Kahnfahren am Oblatterwall – seit Generationen haben die Augsburger ihre Freude daran.

Ein Luftbild: das Jakobertor, östliche Ausfallpforte der Altstadt. Dahinter beginnt der große Vorortsbereich von Lechhausen.

Beiderseits von viel Grün und kleinen „romantischen" Wohnhäusern umgeben: das Jakobertor aus der Mitte des 15. Jahrhunderts.

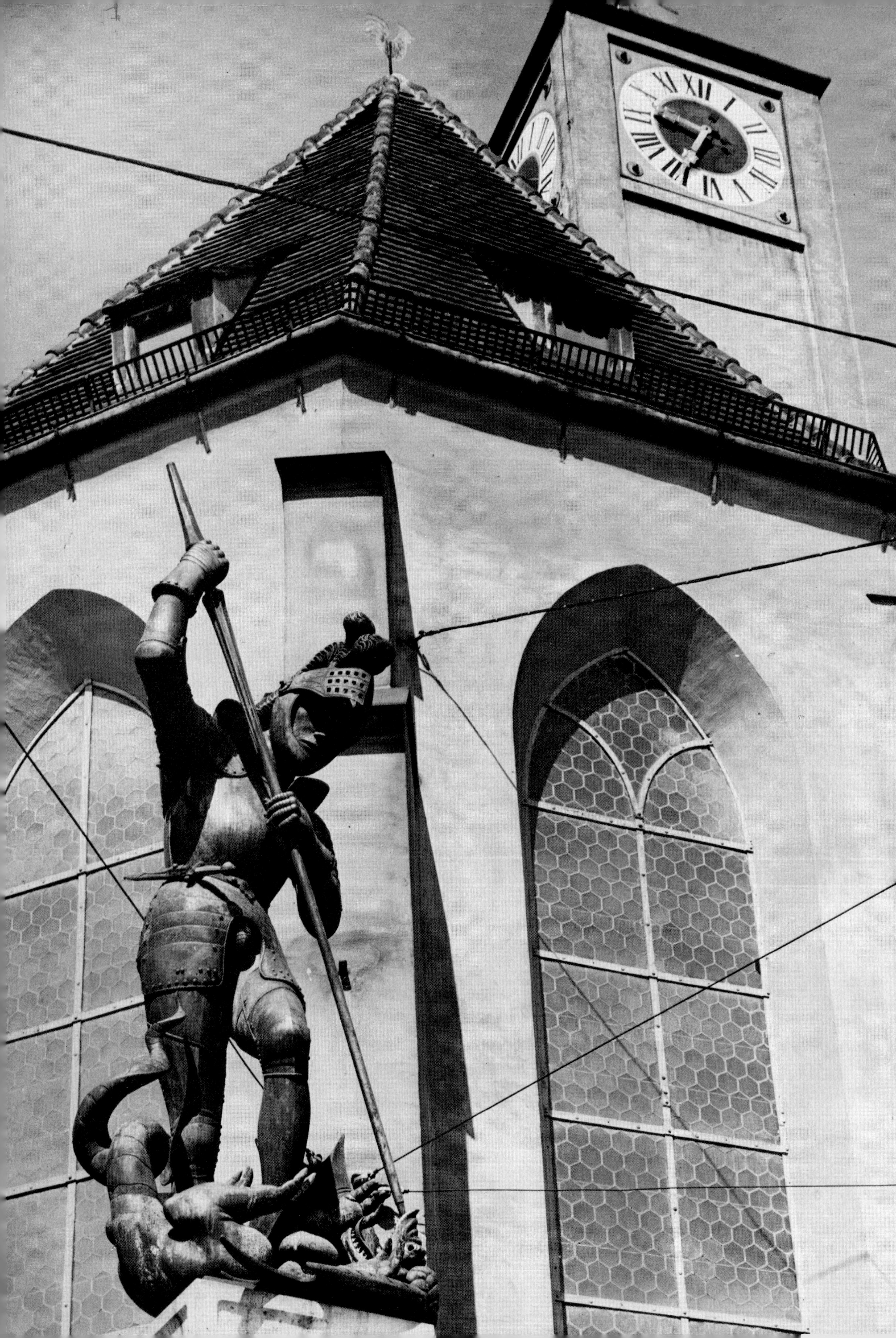

St. Georg als trutziger Drachentöter. Die Bronzefigur von 1575 steht auf einem Pfeiler inmitten eines neugeschaffenen Brunnens vor der Jakoberkirche.

Das geöffnete Fuggerei-Tor gewährt Einblick in eine Gasse mit ihrer von wildem Wein übersponnenen Häuserreihe.

Nahe dem Haupttor der Fuggerei steht in der Herrengasse die St. Markus-Kirche mit ihrem freundlichen Zwiebeltürmchen.

Jakob Fugger, der große Stifter der Fuggerei. Albrecht Dürer hat 1518 das Porträt gemalt; es hängt in den Bayerischen Staatlichen Gemäldesammlungen Augsburg.

Weinlaub mit Trauben umrankt die barocken Säulen, die im St. Markus-Kirchlein der Fuggerei die Empore tragen.

Ungefährdet vom Verkehr läßt es sich in den Gassen der Fuggerei promenieren und plaudern. Autos müssen draußen parken.

Eine offene Herdstelle, ein paar derbe und dabei formschöne Möbel und allerlei Küchengerät – so etwa mögen die Fuggereibewohner einst ihre Behausungen eingerichtet haben.

Die Schlafstube mit dem bäuerlich bemalten Bett befindet sich ebenso wie die nebenstehend abgebildete Küche in einem als Museum dienenden Fuggerei-Haus. Man unternahm es hier, altes Mobiliar aufzustellen und damit zu zeigen, wie es in vergangenen Zeiten in Wohnungen ausgesehen haben mag.

Wohnhäuser am Mittleren Graben mit kleinen Privatstegen, die über das Wasser führen.

Das Vogeltor, 1445 errichtet, steht in der Ecke zwischen der östlichen Stadtmauer und der Südmauer der Jakobervorstadt. Die schwierige Verkehrssituation veranlaßte die Verbreiterung der nun zweibahnigen Straße und den Anbau am Tor.

Altstadtzauber im Lechviertel. Es lohnt sich, geruhsam und mit offenen Augen durch diese stillen Gassen zu gehen (Hunoldsgraben und Schlossermauer).

Ein stolzer bürgerlicher Bau der Barockzeit: das Gignoux-Haus („Blaues Krügle") von 1764/65 am Vorderen Lech.

Das Geburtshaus des Dichters Bert Brecht im Lechviertel „Auf dem Rain". Unter der Brücke fließt einer der Lechkanäle.

Eine Straßenlampe brennt, zwei Fenster geben ihren Schein: der enge Steig des „Butzenbergeles" zu nächtlicher Stunde.

Verwandtschaft mit Venedig. Entlang den Lechkanälen stehen Häuserfronten, die wie in der Lagunenstadt unmittelbar aus dem Wasser aufragen.

In der Schwibbogengasse. Wie hier finden sich auch an anderen Stellen der Altstadt solche bildmäßig lebhafte Gruppierungen von Häusern.

Treppe im herbstlichen Wittelsbacher Park, einer der großen, erholungspendenden Grünanlagen im Stadtgebiet.

Eine fernöstliche Ehrung wurde dem Augsburger Erfinder Rudolf Diesel im Wittelsbacher Park seiner Heimatstadt zuteil. Der japanische Industrielle Yamaoko ließ dort den „Dieselhain" anlegen.

Eindrucksvolle Architektur an sportlichen Neubauten. Die Eingangsfront der Sporthalle.

Aus mehreren Baublöcken zusammengefügt, das neue Städtische Hallenschwimmbad in der Schwimmschulstraße.

Das Rosenaustadion im nächtlichen Flutlicht bei einem Fußballspiel.

Das Eisstadion, benannt nach Curt Frenzel, einem Freund und Gönner des Augsburger Eissports.

Neue Wahrzeichen der Außenstadt: die beiden kühnen Türme der Kirche Don Bosco am Herrenbach (Architekt Thomas Wechs, 1962).

An Konzentrationspunkten des Verkehrs ergaben sich besondere Maßnahmen. Die große Kreuzung der Ackermann-Straße wurde klug durchorganisiert.

Eine ländliche Szene am nahen Stadtrand. Ein Schäfer hat im Siebentischwald seine Herde zur Tränke geführt.

Vergnügtes sonntägliches Treiben im Tiergarten. Die Elefanten haben unter den Besuchern manche treuen Freunde.

Schäumendes Lechwasser am Stauwehr. Der Hochablaß mit seiner langen Brücke ist das ganze Jahr über ein Ziel von Spaziergängern.

Gewächshäuser und Freianlagen des kleinen Botanischen Gartens am Siebentischwald bieten zu allen Jahreszeiten „Blumen der Saison".

Zehnstöckig! Große Wohn-Hochhäuser sind in verschiedenen Stadtrand-Siedlungen entstanden und immer neue kommen hinzu.

Junge Wohnbereiche greifen über die Industriezone ins Land hinaus und bilden – hier am Herrenbach – den vorerst „äußersten Ring" der Stadt. Vom Zentrum sind sie schon weit abgerückt.

Der Augsburger Stadtgarten hat in den Jahren 1971/72 ein vollkommen verändertes Gesicht bekommen. Neben dem vertrauten Pavillon steht nun die neue Kongreßhalle.

Die bizarre Lichtarchitektur im Foyer der Kongreßhalle wirkt ungemein dekorativ und belebend.

Holzvertäfelungen und das kühne Orange der Polster stehen in reizvollem Kontrast zum hellen Betongrau des Kongreß-Saales.

Hinter den Nebenbauten der Kongreßhalle ragt elegant Europas höchster Hotelturm rund 120 Meter in den Himmel des Voralpenlandes.

Blumenfrische Parklandschaft bildet eine lebendige Umgebung zur Betonarchitektur der Kongreßhalle.

Der frühere Eiskanal am Lech wurde für die „Olympischen Spiele München 1972" zur Kanuslalomstrecke umgebaut (Luftbild).

Verwegen schön und schwierig ist diese künstliche Wildwasserbahn angelegt.

Die Gebietsreform 1972 brachte der Stadt Augsburg durch Eingemeindungen (gelb) eine Mehrung der Einwohnerzahl um 44 000 und einen Flächenzuwachs von 60 qkm. Das neue Stadtgebiet umfaßt nun 146 qkm und zählt 257 500 Einwohner.

Einkaufsstadt und Vergnügungsviertel Schwaben-Center sind das Kernstück im neuen Wohngebiet an der Friedberger Straße.

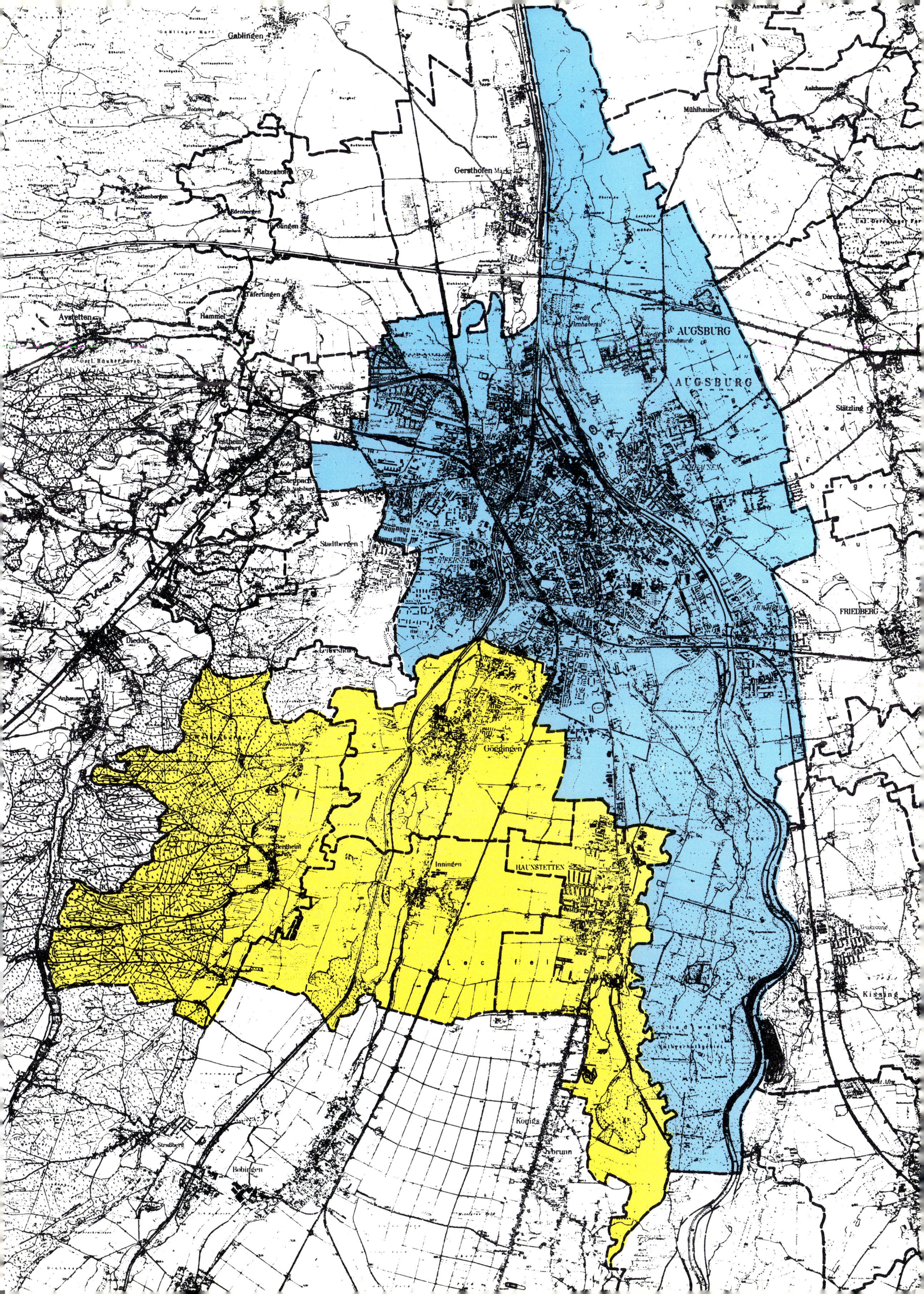

Gablingen
Gersthofen
Batzenhofen
Edenbergen
Rettenbergen
Hirblingen
Täfertingen
Hammel
Aystetten
Mühlhausen
Derching
AUGSBURG
AUGSBURG
Stätzling
Neusäß
Westheim
Steppach
Stadtbergen
Deuringen
Diedorf
Anhausen
FRIEDBERG
Göggingen
Bergheim
Inningen
HAUNSTETTEN
Kissing
Straßberg
Bobingen

AUGUSTA VINDELICORUM · Augsburg, Begegnung mit einer zweitausendjährigen Stadt

BILDNACHWEIS

Richard Binder	*Seite 51, 55, 56, 139, 142, 146, 147, 148*
Gustl Birkmeir	*Seite 206*
E. Eberhardinger	*Seite 44, 96, 97, 128, 129, 169, 204. Luftaufnahmen freig. Reg. von Schwaben unter der Nummer G 26/847, G 26/842, GS 92/224, G 26/848, G 26/1304*
Heinrich Fürtinger	*Seite 125*
Foto-Glässel	*Seite 164*
Anton Hagenauer, Pfarrer	*Seite 53*
Josef Hannesschläger	*Seite 50, 52, 58, 59, 64, 66 links, 67 links, 68, 72, 78, 80, 83, 84, 91, 104, 109, 114, 115, 127, 130, 133, 134, 136, 141, 143, 155, 158, 159, 167, 172, 174, 175, 176, 177, 180, 181, 184, 186, 198, 199*
W. Hasenstab / H. Säugling	*Seite 41, 42, 43, 45, 46, 48, 49, 60, 61, 62, 70, 73, 79, 81, 82, 85, 86, 87, 89, 92, 93, 94, 98, 99, 101, 102, 103, 105, 107, 112, 113, 116, 117, 118, 120, 121, 123, 124, 126, 131, 132, 135, 137, 138, 150, 152, 153, 154, 157, 160, 161, 162, 165, 166, 168, 171, 178, 179, 182, 185, 187, 188, 189, 190, 191, 192, 193, 194, 195, 196, 197, 200, 202, 203*
Doris Lieb	*Seite 100, 122*
Foto Studio H. Müller	*Seite 201*
Hans Niedermeyer	*Seite 106, 140, 149*
Sepp Rostra	*Seite 65, 66 rechts, 108, 111, 183*
Stadtbildstelle (Theo Scherer)	*Seite 47, 54, 57, 63, 67 rechts, 69, 71, 74, 75, 76, 77, 88, 90, 95, 110, 119, 151, 163, 170, 173*
Stadtplanungsstelle	*Seite 207*
Sepp Schlöglmann	*Seite 156*

Die Bildunterschriften schrieb Doris Lieb.

Die Wiedergabe der Stiche erfolgte mit freundlicher Genehmigung der Städt. Kunstsammlungen, sowie der Staats- und Stadtbibliothek.

Die Stiche auf Seite 29 und 32 wurden freundlicherweise von der Firma Gebr. Vogl zur Verfügung gestellt.

Satzherstellung: Anton Roßkopf, Augsburg

Lithographie: Otterbach + Nicolodelli, Rastatt · Erhard Kieslich

Bindearbeiten: R. Oldenbourg, München

Richardus poëta
Respicit et late fluvios Vindamq; Lycumq;
Miscentes undas, et nomina littoris: unde
Antiquam gētem, populumq; urbemq; vocarunt
Vindelicam,
Alpen.
Wasser thurn.